Produkteinführung

Die Leuphana Case Studies sind ein Projekt, das in Zusammenarbeit mit kleinen und mittelständischen Unternehmen erstellt und entwickelt worden ist. Sie sind ein Lehrbuch, mit dessen Hilfe Unternehmen, die vor ähnlichen Herausforderungen stehen, selbige bewältigen können. Dafür ist keine Hilfe von Dritten notwendig. Auf Grundlage der einzelnen Case Studies werden den Bearbeiterinnen und Bearbeitern elementare Werkzeuge aus der wissenschaftlichen Theorie erklärt. Diese können Sie anwenden, um mit den Fachkenntnissen des eigenen Unternehmens Prozesse zu optimieren, Ziele zu entwickeln und zu erreichen oder schwierige Herausforderungen zu bewältigen.

Weitere Bände in dieser Reihe
http://www.springer.com/series/15432
Massonne, Veranstaltungsmanagement - 978-3-662-54003-9
Klöppner et al., Fachkräftemangel im Pflegesektor - 978-3-662-54013-8
Melles, Produkteinführung - 978-3-662-54001-5
Deharde, Produktionsentscheidung - 978-3-662-53997-2
Sikkenga, Shitstorm-Prävention - 978-3-662-54015-2
Göse, Sozialunternehmen - 978-3-662-54007-7
van Hueth et al., Sozialwirtschaft - 978-3-662-54005-3
Giese, Großprojektmanagement - 978-3-662-54011-4
Göse/Reihlen, Gründung einer Unternehmensberatung - 978-3-662-54009-1

Annika Melles

Produkteinführung

Annika Melles
Case Studies
Leuphana Universität Lüneburg
Lüneburg
Deutschland

ISBN 978-3-662-54001-5   ISBN 978-3-662-54002-2 (eBook)
DOI 10.1007/978-3-662-54002-2

Die Deutsche Nationalbibliothek verzeichnet diese Publikation in der Deutschen Nationalbibliografie; detaillierte bibliografische Daten sind im Internet über http://dnb.d-nb.de abrufbar.

Springer Gabler
© Springer-Verlag GmbH Deutschland 2017
Das Werk einschließlich aller seiner Teile ist urheberrechtlich geschützt. Jede Verwertung, die nicht ausdrücklich vom Urheberrechtsgesetz zugelassen ist, bedarf der vorherigen Zustimmung des Verlags. Das gilt insbesondere für Vervielfältigungen, Bearbeitungen, Übersetzungen, Mikroverfilmungen und die Einspeicherung und Verarbeitung in elektronischen Systemen.
Die Wiedergabe von Gebrauchsnamen, Handelsnamen, Warenbezeichnungen usw. in diesem Werk berechtigt auch ohne besondere Kennzeichnung nicht zu der Annahme, dass solche Namen im Sinne der Warenzeichen- und Markenschutz-Gesetzgebung als frei zu betrachten wären und daher von jedermann benutzt werden dürften.
Der Verlag, die Autoren und die Herausgeber gehen davon aus, dass die Angaben und Informationen in diesem Werk zum Zeitpunkt der Veröffentlichung vollständig und korrekt sind. Weder der Verlag noch die Autoren oder die Herausgeber übernehmen, ausdrücklich oder implizit, Gewähr für den Inhalt des Werkes, etwaige Fehler oder Äußerungen. Der Verlag bleibt im Hinblick auf geografische Zuordnungen und Gebietsbezeichnungen in veröffentlichten Karten und Institutionsadressen neutral.

Gedruckt auf säurefreiem und chlorfrei gebleichtem Papier

Springer Gabler ist Teil von Springer Nature
Die eingetragene Gesellschaft ist Springer-Verlag GmbH Deutschland
Die Anschrift der Gesellschaft ist: Heidelberger Platz 3, 14197 Berlin, Germany

Vorwort des Herausgebers

Im Rahmen des Regionalentwicklungsprojekts Innovations-Inkubator Lüneburg wurden der Leuphana Universität im Zeitraum 2009 bis 2015 Mittel der Europäischen Union und des Landes Niedersachsen zur intensiven Förderung der Wirtschaft durch Transfer von Wissen aus der Forschung in die Unternehmen des aus elf Landkreisen bestehenden ehemaligen Regierungsbezirks Lüneburg bereitgestellt. Eine der insgesamt 47 in dem EU-Großprojekt durchgeführten Maßnahmen war die Erarbeitung der Leuphana Case Studies.

Gemeinsam mit Kooperationspartnern aus dem Konvergenzgebiet wurden zwölf Case Studies zu spezifischen Herausforderungen der Region erarbeitet. Die Themenfelder sind dabei sehr unterschiedlich und reichen von Fragen des Nachhaltigkeitsmanagements, über das Veranstaltungs- und Kulturmanagement im ländlichen Raum, bis hin zu Fragen der Vernetzung von kleinen und mittelständischen Unternehmen.

Dabei wurde das Konzept der wissenschaftlichen Methode Case Study mit den Leuphana Case Studies weiterentwickelt. Diese bestehen nicht nur aus einer mehrseitigen Case Study, der dann von Studierenden bearbeitet wird. Die Leuphana Case Studies beinhalten ein didaktisches Konzept, mit dem den Bearbeiterinnen und Bearbeitern der Case Studies die Werkzeuge zur Lösung ihrer Herausforderungen vermittelt werden. So können die Case Studies von Unternehmen in vergleichbaren Situationen eingesetzt werden. Mit Hilfe des didaktischen Konzepts der Case Studies kann aus dem Wissensschatz der Mitarbeiterinnen und Mitarbeiter eines Unternehmens eine Lösung für die eigenen Herausforderungen erarbeitet werden.

Die Leuphana Case Studies sind in Zusammenarbeit mit den weiterbildenden Studiengängen der Leuphana Professional School entstanden. So wurden die didaktischen Konzepte bereits in der Praxis erprobt und darauf aufbauend weiter verfeinert. Die vorliegende Case Study spiegelt in weiten Teilen reale Entwicklungsprozesse wider. An einigen Stellen wurden die Darstellungen didaktisch überarbeitet.

Wir wünschen Ihnen viel Erfolg und Spaß bei der Bearbeitung der vorliegenden Case Study. Wir sind uns sicher, dass Sie Werkzeuge und Fähigkeiten erlernen werden, die Ihnen bei Ihrer täglichen Arbeit und bei der Bewältigung der Herausforderungen dort helfen werden.

Christoph Kleineberg

Vorwort der Autorin

Das Unternehmen Nibbles möchte einen neuen Müsliriegel auf den Markt bringen, um auf dem wachsenden Geschäftsfeld der gesunden Ernährung und dem Biomarkt aktiv zu werden. Dafür analysiert die Case Study umfassend, welche Herausforderungen dazu bewältigt werden müssen. Dies beinhaltet eine Analyse des Unternehmens und seiner (Kern-)Kompetenzen sowie des Marktes, auf dem das neue Produkt platziert werden soll. Dabei sind die Werkzeuge, die verwendet werden, auch für andere Unternehmen anwendbar, um ähnliche Herausforderungen zu bewältigen.

Annika Melles

Inhaltsverzeichnis

1 Einleitung 1
2 Case Study „Nibbles" – auf der Suche nach dem optimalen Riegel 3
3 Case Studies 5
   3.1 Einleitung und Definition 5
   3.2 Vorteile und Ziele 5
   3.3 Case Studies im Inkubator 6
4 Einführung in den Fall „Nibbles" 9
   4.1 Zusammenfassung des Falls 9
   4.2 Der Müsli- und Cerealienmarkt 10
   4.3 Der Konsument 12
   4.4 Zentrale Themen und Fragestellungen 15
5 Lehrstrategie 17
   5.1 Umfang 17
      5.1.1 Phase 1: Aufgabenstellung 18
      5.1.2 Phase 2: Problemanalyse 18
      5.1.3 Phase 3: Umsetzung 18
      5.1.4 Phase 4: Lösungsvorstellung 18
      5.1.5 Phase 5: Beurteilung 19
   5.2 Lehr- und Lernphilosophie 19
   5.3 Lernstrategie 19
   5.4 Lernziele und Zielgruppe 20
   5.5 Lehrplan 22
6 Fallanalyse 27
   6.1 Das Unternehmen 28
   6.2 Analyse des Marktes 30
   6.3 Produkteinführung – eine Einleitung 34

6.4	SWOT-Analyse 38
6.5	Markt und Zielgruppe 43
6.6	Die Marketingstrategie 45
6.7	Anwendung des Erlernten..................................50

7 Übertragbarkeit des spezifischen Wissens der Case Study 53

8 Ausblick – wie gestalten wir die Zukunft? 55

9 Zusätzliche Literatur. 57

Literaturverzeichnis 65

Abbildungsverzeichnis

Abb. 4.1	Umsatzvolumen Gesunde Riegel	10
Abb. 5.1	Lernphasen	23
Abb. 5.2	Detaillierter Lehrplan (1)	24
Abb. 5.3	Detaillierter Lehrplan (2)	25
Abb. 5.4	Detaillierter Lehrplan (3)	26
Abb. 6.1	Umsatzvolumen Gesunde Riegel	31
Abb. 6.2	Ergebnisse Omnibusbefragung gesamt	32
Abb. 6.3	Entwicklung des Gesamtumsatzes im Müsliriegelmarkt	33
Abb. 6.4	Umsatzanteile der Hersteller	34
Abb. 6.5	Matrix für die Abtragung von Innovationsgraden	36
Abb. 6.6	Arbeits-Matrix für die Abtragung von Innovationsgraden	37
Abb. 6.7	Verdichtung der SWOT-Analyse	39
Abb. 6.8	SWOT-Analyse	39
Abb. 6.9	Marketinginstrumente	42
Abb. 6.10	Zielgruppenauswahl	44
Abb. 6.11	Situationsanalyse	46
Abb. 6.12	Modell des Produktmarketing-Mixes	49
Abb. 6.13	SWOT-Analyse	51
Abb. 6.14	Wettbewerbsumfeld	52
Abb. 6.15	Erfolgsfaktoren- und mechaniken	52
Abb. 9.1	Strategie des Unternehmen Nibbles	58
Abb. 9.2	Präsentation des Unternehmens Nibbles	59
Abb. 9.3	Ergebnisse der Omnibusbefragung: motivationale Treiber des Haushaltskaufs von Müsliriegeln	60
Abb. 9.4	Ergebnisse der Omnibusbefragung: Konsumanlässe des Haushalts im Umfeld von Müsliriegeln	61
Abb. 9.5	Umsatzzahlen des Unternehmens Nibbles	62
Abb. 9.6	Marktanteile (1)	63
Abb. 9.7	Marktanteile (2)	64

Einleitung 1

Die vorliegende Case Study beschäftigt sich mit der Firma Nibbles und deren Stellung im Marktumfeld. Sie beleuchtet die fallspezifischen Hintergründe und lehrt dabei verschiedene Methoden der Produkteinführung, die den Bearbeitenden Werkzeuge für reale Situationen im Berufsalltag vermitteln sollen.

Die zentralen Aspekte dieses Falles in seinen Kontextbedingungen werden dabei dargestellt, jedoch keine Musterlösung abgeleitet. Vielmehr bietet die Fallanalyse eine Entscheidungs-, Argumentations- und damit Bewertungsgrundlage für die verschiedenen möglichen Lösungs- und Implementierungsvorschläge der Bearbeiterinnen und Bearbeiter. Sie dient damit als Anleitung, reale Fälle zu betrachten und zu lösen.

Im Rahmen des EU-Projekts Innovationsinkubator sind an der Leuphana Universität Lüneburg Case Studies entstanden. Für diese werden solche Fälle ausgewählt, die für die kooperierenden Unternehmen und Organisationen von hoher Bedeutung sind und die idealerweise auch für andere Unternehmen der Region als „Best-Practice-Beispiele" dienen können. Sowohl bei der Erstellung als auch bei der Lösung der Case Studies sollen die erfolgskritischen Faktoren systematisch analysiert und den regionalen Akteurinnen und Akteuren zugänglich gemacht werden. Somit tragen die wissenschaftlichen Arbeiten während der Erstellung der Case Study aber auch die Ergebnisse direkt zur Stärkung der Wettbewerbsposition und Innovationskraft der regionalen Unternehmen bei.

In dieser Case Study entwickeln die Bearbeitenden die Einführung von Produktinnovationen für die regionale Weiterentwicklung des Kooperationsunternehmens Nibbles, sodass strategische Unternehmensführung an einem praktischen Beispiel simuliert wird.

Auf Basis der zu Verfügung gestellten Lehrmaterialien erarbeiten Sie Methoden der Marktanalyse in Form einer SWOT-Analyse, Strategien für die Einführung innovativer Produkte, untersuchen die Marktmöglichkeiten im Rahmen der strategischen Positionierung des Unternehmens Nibbles sowie der Kundenwünsche zum Thema Müsli- und Cerealienriegel und erstellen dazu ein Marketingkonzept. Die Case Study hat zum Ziel, aus den erlernten und geübten Methoden ein Konzept zur Produkteinführung für das Unternehmen Nibbles zu erstellen, das zum einen die regionalen Besonderheiten des Marktes berücksichtigt, zum anderen auf die Wünsche der Konsumenten eingeht und gleichzeitig Raum lässt für innovative Ideen der Bearbeitenden. Somit erlernen diese für ihre berufliche Zukunft Maßnahmen einer Produkteinführung an einem Beispiel aus der Praxis, während die Firma Nibbles von der Fülle von Produktinnovationen und Konzepten profitiert.

Case Study „Nibbles" – auf der Suche nach dem optimalen Riegel

2

Helmut Müller ist hoch erfreut. Bereits seit 20 Jahren leitet er einen Betrieb, der auf dem Nahrungsmittelmarkt aktiv ist. Heute führt Herr Müller die Schulklasse seiner ältesten Tochter durch die Produktionsstätte, um ihnen die Entstehung der Müsliriegel und die Produktvielfalt schmackhaft zu machen und Nibbles als Ausbildungsunternehmen für die künftige Abschlussklasse vorzustellen. Helmut Müller schätzt den Besuch von Kindern und Jugendlichen. „Wir freuen uns immer, zu hören, was unsere kleinen und großen Kunden an unseren Produkten schätzen. Dazu laden wir Schulklassen zu Werksbesichtigungen ein, um von den Kindern und Jugendlichen zu hören, was ihnen schmeckt, was ihnen wichtig ist und in welchen Alltagssituationen sie einfach Appetit auf unsere Riegel haben. Gleichzeitig erfahren die Kinder und Jugendlichen den ökologischen Umgang mit Nahrungsmitteln und die Produktion mit hochtechnologischen Maschinen."

Am Ende der Führung angekommen, führt Herr Müller den Schülerinnen und Schülern stolz verschiedene Müsliriegel vor, die zur Basis der Produktpalette gehören. Während er dem Klassenlehrer erläutert, dass die Umsatzzahlen Jahr für Jahr gestiegen sind, da sich beide Geschäftsfelder der Firma Nibbles „Riegel" und „Süßstoffe" gegenläufig zum Markttrend positiv entwickelten, probieren die Schülerinnen und Schüler die verschiedenen Riegel aus. „ … Und nicht nur das: Nibbles zählt mittlerweile national und international zu den führenden Handelsmarkenproduzenten!", erläutert Helmut Müller dem Klassenlehrer weiter. In seiner Euphorie bemerkt Herr Müller damit nicht, dass die Jugendlichen von den Müsliriegeln gelangweilt sind. „Diese Müsliriegel haben viel zu viel Zucker! Da kann ich genauso gut einen leckeren Schokoriegel essen!", bemerkt einer der Schüler. Eine Schülerin erwidert: „Genau. Und die Sorten Nuss, Apfel und Schokolade gibt es auch von jeder anderen Marke. Warum sollte ich dann nicht ausgerechnet Ihre Produkte kaufen?". Helmut Müller ist von den Reaktionen der Jugendlichen erstaunt. „Viele unserer Kunden schätzen die Standardsorten. Sie werden häufig angefragt und Müsliriegel eignen sich darüber hinaus als schneller Snack für Zwischendurch, der satt macht, aber keine Mahlzeit ersetzt!", rechtfertigt er seine Produkte. Die Jugendlichen sind davon wenig überzeugt. „Kann schon sein, aber die Müsliriegel sehen für mich überhaupt nicht gesund aus. Sie beinhalten eine riesen Menge Kohlenhydrate und sind überhaupt nichts Besonderes. Der Geschmack ist nicht interessant genug!"

Herr Müller wird klar, dass er mit seinen Riegeln zwar momentan gute Umsätze macht, das Unternehmen aber mit dem Geschäftsfeld „Müsli- und Cerealienriegel" vor der Herausforderung steht, dass der Absatzmarkt zahlreichen gesellschaftlichen, ökologischen und ökonomischen Veränderungen unterliegt und darüber hinaus in den letzten Jahren stagnierte, teilweise sogar rückläufig war, sodass es auf die veränderte Situation zu reagieren gilt. Um langfristig wettbewerbsfähig zu sein, sind Produktinnovationen für Nibbles von daher unabdingbar.

Doch wie soll sich Nibbles in der Zukunft strategisch positionieren? Wie verhält sich das Marktumfeld und wo gibt es Marktlücken, die es zu füllen gilt? Mit welchen Produkten kann das Unternehmen ein möglichst breites Spektrum an Konsumenten ansprechen? Welche Bedürfnisse hat ein Konsument hinsichtlich des Verzehrs von Müsli- und Cerealienriegeln und wie verhält er sich?

Um den Wünschen und Anforderungen der Kunden zu entsprechen, hat Helmut Müller daher eine Marktforschungsstudie in Auftrag gegeben, die Aufschluss über die gesellschaftlichen und ökologischen Veränderungen geben soll. In den nächsten Tagen müssten die Ergebnisse der von Nibbles in Auftrag gestellten Marktforschungsstudien eintreffen. Dann geht es darum, anhand der Studienergebnisse schnellstmöglich neue Produktideen zu entwickeln und diese erfolgreich in den Markt einzuführen.

Case Studies 3

Success in business comes from experience and knowledge, from the ability to analyze and reflect, from observing and interacting with others, and learning from these encounters. (Ellet 2008: 93).

3.1 Einleitung und Definition

Eine Fallstudie oder Case Study ist ein Mittel zum angewandten Lernen. Es kann als Darstellung oder Beschreibung einer Situation oder eines Ablaufs von Geschehnissen definiert werden, welche Fragestellungen und Probleme aufwirft, die es zu lösen gilt.

Die Case Study wird häufig mit der Harvard Business School in Verbindung gebracht, an der die Bearbeitung und Diskussion von Fällen die dominierende Methode des Lernens darstellt Diese wurde bereits in den frühen 1990er-Jahren entwickelt und angewandt.

Mittlerweile sind Case Studies fester Bestandteil in der universitären Lehre zahlreicher Disziplinen. Darüber hinaus werden Fallstudien in mehreren Berufszweigen, wie beispielsweise in der Unternehmensberatungsbranche und in Bewerbungsverfahren eingesetzt.

3.2 Vorteile und Ziele

Case Studies in der Management-Lehre stellen eine anwendungsorientierte Lehr- und Lernmethode dar. Das Ziel dieser Methode ist es, die Lehre sehr stark praxisbezogen zu gestalten und die Lernenden beispielhaft mit komplexen wirtschaftlichen und geschäftlichen Problemen eines Unternehmens zu konfrontieren. Hierbei werden Gegebenheiten von regionalen Unternehmen mit aktuellen

Problemsituationen veranschaulicht und sollen anregen, praxisnah Wissen anzuwenden. Um nicht nur erlerntes Wissen wiederzugeben, sondern auch anzuwenden, bieten Fallstudien einen nachhaltigen Beitrag zum Lernen. Dies geschieht durch die Praxisorientierung der Case Studies, welche durch konkrete Beispiele zur Förderung der Analyse- und Problemlösekompetenz beitragen und Wissen praxisrelevant vermitteln. Damit übernehmen die Lernenden die Rolle des Entscheidungsträgers und erarbeiten sich durch die bereitgestellten Informationen interaktiv die Fähigkeiten und Fertigkeiten, die sie benötigen, um erfolgreich eine unternehmerische Aufgabe ausführen zu können.

Dazu ist es notwendig, eine umfangreiche Darstellung von realen und komplexen Problemsituationen im Unternehmensumfeld bereitzustellen. Dies stellt Bearbeitende vor Entscheidungen, die auch von Führungskräften und MitarbeiterInnen erwartet und bewältigt werden müssen. So wird die Reflexion und Verknüpfung von Theorie und Praxis ermöglicht und die Aufbereitung eines umsetzbaren Lösungskonzepts geübt.

Die Merkmale einer Case Study lassen sich wie folgt zusammenfassen:

- Bearbeitung eines realen Problems
- Offene Lösung: kein einheitlicher Lösungsweg
- Arbeitsmaterial wird zur Verfügung gestellt
- Aufgabenstellungen zur Anwendung der Werkzeuge und Analyseinstrumente

3.3 Case Studies im Inkubator

Im Rahmen des Projekts „Case Studies" der Professional School der Leuphana Universität Lüneburg als einer Teilmaßnahme des EU-Projekts „Innovations-Inkubator", werden reale Herausforderungen von regionalen Unternehmen und Organisationen ermittelt und zu Lehrfallstudien aufbereitet.

Diese Case Studies werden in enger Zusammenarbeit mit kleinen und mittleren Unternehmen der Konvergenzregion Lüneburg erstellt. Eine spezifische, für das jeweilige Unternehmen relevante Fragestellung wird in der Case Study ausführlich aufgearbeitet und durch die Studierenden Konzepte zur spezifischen Lösung erstellt. Die Unternehmen profitieren in diesem Prozess nicht nur von der individuellen Bearbeitung ihrer Fragestellung, sondern auch durch die Etablierung langfristiger Beziehungen des Wissenstransfers zwischen der regionalen Wirtschaft und der Wissenschaft. Damit wird ein gegenseitiger Lernprozess sowie eine Übertragung von wissenschaftlichen Methoden und Resultaten angestrebt.

3.3 Case Studies im Inkubator

Im Rahmen des Projekts erarbeiten wissenschaftliche Mitarbeiterinnen und Mitarbeiter Case Studies in Kooperation mit regionalen Unternehmen oder Organisationen und bereiten sie als Lehrmaterialien für den Einsatz in der universitären Aus- und Weiterbildung der Professional School auf. Die Leuphana Professional School wendet sich in ihrer Kernausrichtung „Weiterbildung – Kooperation – Wissenstransfer" fokussiert auf Weiterbildungsinteressierte, Existenzgründer und Unternehmen. Auch Letztere sollen direkten Zugang zu Ressourcen der akademischen Lehre und Arbeit erhalten und auf diese Weise ein wechselseitiges Profitieren ermöglicht werden.

Im Zuge der Lehre quantitativer und qualitativer Forschung, Messung, Auswertung und Interpretation von Daten, schlägt die vorliegende Case Study eine Brücke zwischen akademischer Theorie und Analyse sowie betrieblich verwendbarer Praxis. Damit geht es um Optimierung des Ist-Zustands mit der umsetzbaren Vision eines zusätzlichen Soll-Nutzens.

In der Case-Study „Nibbles – auf der Suche nach dem optimalen Riegel" entwickeln Bearbeitende Neuprodukte für das Kooperationsunternehmen Nibbles. Auf Basis der zu Verfügung gestellten Lehrmaterialien erarbeiten die Lernenden Analysen des Marktes, beziehen die Strategien des Unternehmens und die Wünsche der Kunden in die Erarbeitung von innovativen Produkten ein und erstellen einen passenden Marketing-Mix zur optimalen Resonanz.

4 Einführung in den Fall „Nibbles"

Der folgende Abschnitt wird eine Einführung in die Fallbearbeitung „Nibbles" geben. Hierzu wird einleitend das Unternehmen vorgestellt und wesentliche strategische Positionierungen genannt, an denen sich im weiteren Verlauf orientiert wird (Kap. 3). Zur näheren Darstellung der Firma und der Case Study wird die „Fallanalyse" Kap. 6 dienen. Zur Betrachtung des Falls dient darüber hinaus eine Analyse des Marktes (Abschn. 4.2), an die sich der Konsument in den Mittelpunkt der Untersuchung anschließt (Abschn. 4.3) und letztlich zentrale Themen und Fragestellungen auf gegriffen werden (Abschn. 4.4).

4.1 Zusammenfassung des Falls

Die Firma Nibbles ist ein Unternehmen, das Müsliriegel und Fruchtschnitten herstellt und vertreibt. Unter dem Thema „Gesunde Riegel" sollen sich die Konsumenten neben dem Genuss auch natürlich und abwechslungsreich ernähren können. Müsliriegel sollen dabei nicht als Süßigkeit oder „Sünde für Zwischendurch" gelten, sondern bewusste Ernährung ergänzen.

Ein weiteres, starkes Anliegen des Unternehmens ist die Qualitätssicherung. Nibbles verarbeitet nur beste Rohstoffe und kontrolliert sowie garantiert die Verarbeitungsprozesse und die Qualität zu jeder Zeit (zur weiteren Analyse der Unternehmensstrategie siehe Abb. 9.1). Die Konsumenten sollen nur die besten Produkte erhalten und die Handelsmarke Nibbles eine gesunde, kostengünstige Alternative zu etablierten Marken bieten.

Vor dem Hintergrund einer allgemeinen Stagnation des Müsli- und Cerealienriegelmarktes in Zusammenhang mit der Marktsättigung stellt sich für das Unternehmen Nibbles die Frage der strategischen Ausrichtung seines Produktsortiments und der Wunsch nach innovativen Produkteinführungen. Welche strategischen

Ausrichtungen wären möglich? Welche Wachstumsmöglichkeiten bietet der Markt? Welche Innovationen wünscht sich der Konsument und welche Marktlücken bieten sich?

4.2 Der Müsli- und Cerealienmarkt

Der „Müsli- und Cerealienriegelmarkt" ist Bestandteil des Marktsegmentes „Gesunde Riegel" und vertritt mit 62,3 % den größten Anteil des Gesamtsegmentes mit weitem Abstand gefolgt von Sport- und Energieriegeln und Fruchtschnitten (siehe Abb. 4.1). Mit einem Umsatzvolumen von 129 Mio. € konnte der Bereich „Gesunde Riegel" 2011 im Vergleich zum Vorjahreswert ein Wachstum von 3,3 % aufweisen.

Die meisten Märkte stagnieren. Marktanteilsverschiebungen lassen sich trotz höchster Anstrengungen kaum noch realisieren. So scheint auch der Lebensmittelmarkt der Müsli- und Cerealienriegel ausgereizt und die Konkurrenz der großen Marken übermächtig zu sein. Der Bereich „Müsli- und Cerealienriegel" gilt als gesättigter Markt auf stagnierendem Niveau und verzeichnete zeitweise sogar bis zu 5 % rückläufige Verkaufszahlen.

Aufgrund der Sättigung von Märkten können Anbieterunternehmen ihre Produkte nur dann vermarkten, wenn sie diese in immer kürzeren Abständen verändern

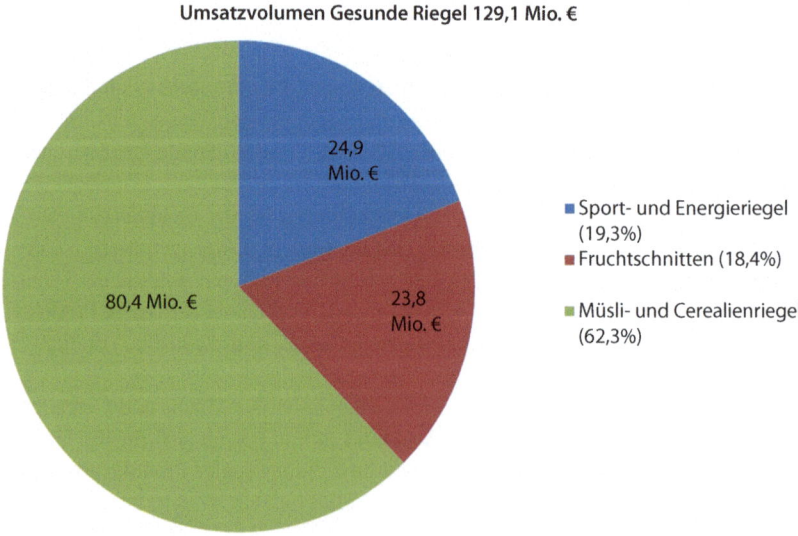

Abb. 4.1 Umsatzvolumen Gesunde Riegel

4.2 Der Müsli- und Cerealienmarkt

und optimieren und damit für den Konsumenten ein neues Angebot schaffen. Den Grad der Sättigung eines Markts berechnet man durch den Vergleich der existierenden Nachfrage (Marktpotential) mit dem existierenden Angebot (Marktvolumen). Bei einem angeglichenen Niveau ist ein Markt gesättigt. Während ein Marktwachstum ist dann nicht mehr ohne Weiteres möglich ist, können Marktpotenziale von der Konkurrenz abgeschöpft werden (Marktanteilsverschiebungen). Oftmals reicht dabei nicht nur die optische Neugestaltung bereits vorhandener Produkte aus, sondern aufgrund veränderter Anforderungen eine Produktneuentwicklung notwendig, damit ein innovatives Produkt den Anforderungen der Kunden entspricht. Selbst Corny, langjähriger Marktführer der Branche, musste in den letzten Jahren große Marktanteile einbüßen, verfügte 2011 jedoch immer noch über einen Marktanteil-Umsatz von 52,2 %, dicht gefolgt von den Handelsmarken, welche zusammen einen Marktanteil von 41,6 % (2011) ausmachen. Ca. 10 % des Marktes verteilen sich auf kleine Anbieter wie beispielsweise Brüggen, Eat Natural, Alnatura und Schneekoppe.[1] Der Marktführer Corny ist nicht nur mit seinem Standardsortiment erfolgreich, sondern gilt auch als Treiber für die Marktentwicklung und gibt kontinuierlich Impulse durch Neuprodukte. Aufgrund einer langjährigen Markentradition und eines recht umfangreichen Marketingetats verfügt Corny über eine hohe Marktdurchdringungsmacht, die in der Branche ihresgleichen sucht.

Handelsmarken vertreiben dagegen in erster Linie das Müsliriegel-Standardsortiment und bestechen vor allem durch geringe Preise, bieten dagegen ähnliche Qualität und Ausstattung der Herstellermarken.

Marktimpulse werden allerdings nicht nur durch den Markführer gegeben, sondern auch durch den Eintritt und Ausbau innovativer, kleinerer Wettbewerber.

So hat sich Alnatura mittlerweile als erfolgreiche Biomarke positioniert und baut den eigenen Marktanteil durch überzeugende Produktqualität, Innovationskraft und kontinuierlichen Distributionsausbau des eigenen Vertriebskanals stetig aus. Aber auch Eat Natural, Hersteller und Marke aus Großbritannien, konnte in Deutschland enorme Gewinne erzielen (118 % vs. Vorjahr). Eat Natural setzt dabei auf Premiumriegel mit eigenständigen, genussvollen Rezepturen, die nicht nur über den Lebensmitteleinzelhandel (Rewe, Edeka) und den Drogeriemarkt (Rossmann) angeboten, sondern auch online vertrieben werden.

Doch was sind die Gründe für den stagnierenden Markt? Heute stehen für beinahe jedes Bedürfnis mehrere Lösungen zur Verfügung, sodass die Konsumenten mit den Angeboten zur Befriedigung übersättigt sind. Mit den Sättigungserscheinungen

---

[1]Die Umsatzzahlen des Unternehmens Nibbles sowie die Marktanteile der größten Mitbewerber finden sich unter Kap. 9 „Zusätzliche Literatur" und den Abb. 9.5, Abb. 9.6 und Abb. 9.7.

und dem schnell wachsenden Wettbewerb geht eine Verkürzung der Produktlebensdauer einher. Die wachsende Dynamik der Produktentwicklung und Verdrängung von Produkten im Markt sowie die Komplexität auf den Wettbewerbsmärkten führen dazu, dass sich die Entwicklungszeiten für neue Produkte zunehmend verkürzen und Managementprozesse in immer kürzeren Zeitabständen in den Unternehmen eingeführt werden.

Um ihre Produkte am Markt zu platzieren, haben die Anbieter verschiedene Möglichkeiten: Sie treten als Hersteller auf und ihr Markenname steht im Vordergrund (Herstellermarken) oder sie produzieren für einen Handelsbetrieb, der das Produkt als Eigenmarke in sein Sortiment aufnimmt (Handelsmarken). Während Handelsmarken ursprünglich nur Konsumenten im Preiseinstiegssegment ansprechen, denen der Kauf von Herstellermarken zu teuer war, sind in den letzten Jahren Hersteller- und Handelsmarken zu Konkurrenten um den gleichen Konsumentenstamm geworden (vgl. Weise 2008: 7). Begünstigt wurde die Situation durch die verbesserte Machtposition des Handels gegenüber den Herstellern, die sich zum einen aus der Konzentrationsbewegung von vielen kleinen Einzelhändlern hin zu größeren Handelsketten und zum anderen durch die Bestrebung sich selber als Marken zu etablieren, ergab. Gleichzeitig veränderte sich das Konsumentenverhalten: Kaufzurückhaltung und Preissensibilität gehen einher mit sinkender Markentreue und scheinen die Attraktivität von Handelsmarken zu steigern, die zu einem großen Teil günstiger als vergleichbare Markenartikel angeboten werden und eine vergleichbare Qualität bieten. Der Konsument ist damit mehr als nur ein Verbraucher. Er gestaltet die Ware und den Markt vielmehr mit, ist informiert und handelt weniger aufgrund von klassischen Kaufentscheidungen.

4.3 Der Konsument

Aber was sind die Motive und Einstellungen der Konsumenten in Bezug auf den Verzehr von Müsli- und Cerealienriegeln? Welche Erkenntnisse gibt es zum Kaufverhalten, Verzehranlässen und Preisstrukturen? Zeichnen sich Trends im „Müsli- und Cerealienriegelmarkt" ab? Die von Helmut Müller in Auftrag gegebenen Marktforschungsstudien beschäftigen sich mit genau diesen Fragen[2].

---

[2]Wichtige Tabellen und Ergebnisse befinden sich unter Kap. 9 „Zusätzliche Literatur" in den Abb. 9.1, Abb. 9.2. Für weitere Informationen und alle Ergebnisse der Studie wird auf die Dokumente „Omnisbusbefragung Ergebnisse" sowie die jeweils genannten Studien verwiesen.

4.3 Der Konsument

Ergebnisse einer quantitativen Befragung einer willkürlichen Auswahl von Kunden im Einzel- und Großhandel zeigen, dass Müsliriegel verhältnismäßig selten gekauft werden. 11,6 % der befragten Personen kaufen Müsliriegel mehrmals pro Woche bis zu alle 14 Tage und eine große Mehrheit (88,4 %) kaufen Müsliriegel nur einmal im Monat oder sogar weniger. 58 % der Befragten würden Schokoriegel dem Müsliriegel vorziehen. Die Konsumenten stufen Müsliriegel dabei mehrheitlich (55,0 %; im Vergleich zu 9,4 % gesund) als ungesund ein, gleichzeitig stellen die Autoren der Studie jedoch fest, dass viele Konsumenten den Verzehr von ungesunden Lebensmittel für ihr eigenes Wohlbefinden als notwendig erachten (vgl. BVE Jahresbericht).

Des Weiteren geben 58,6 % der Befragten positiv an, dass Müsliriegel ein handlicher und unkomplizierter Snack für zwischendurch sind, 25,9 % sehen in Müsliriegeln eine Quelle für Kraft und Energie und 14,2 % der Befragten fühlen sich nach dem Verzehr von Müsliriegeln gut.

Die Untersuchung zeigt weiterhin, dass Konsumenten Müsliriegel in erster Linie spontan kaufen (67,5 %). Als präferierte Kaufstätte werden dabei mehrheitlich Supermärkte und Discounter genannt, wohingegen der Kauf an Tankstellen oder Automaten eher selten genannt wurde. Als wichtigstes Kaufkriterium wird mit großer Mehrheit der Geschmack angegeben (72 %), gefolgt von Inhaltsstoffen (22,8 %). Der Preis (3,7 %) und die Produktgestaltung (1,1 %) werden hingegen selten als primärer Kaufgrund erwähnt. Trotzdem gaben mehr als die Hälfte der Befragten an, dass der Preis ein wichtiges Bewertungskriterium sei (52,7 %). Von 30,4 % der Probanden wird dabei 0,21 – 0,40 € pro Riegel als angemessener Preis angegeben, während 73 % sogar bereit wären, mehr zu zahlen, sofern der Riegel gut schmeckt, und 62 % der Befragten, sofern dieser gesund ist.

Und auch die Produktgestaltung spielt – obwohl sie selten als primärer Kaufgrund genannt wird – eine wichtige Rolle. So geben 29,4 % der Befragten an, dass die Produktgestaltung grundsätzlich ein wichtiges Bewertungskriterium darstellt, und für 30,5 % ist diese sogar mit ausschlaggebend für den Kauf.

Hinsichtlich der Riegeleinheiten, wird ferner festgestellt, dass Müsliriegel mehrheitlich in Multipacks gekauft werden (65,5 %) und weniger häufig als Einzelriegel (23,5 %). Als optimale Menge werden dabei 5 – 8 Riegel (60,1 %) den 9 – 12 Riegel (20,2 %) vorgezogen. Es zeigt sich, dass Müsliriegel ein Produkt darstellen, die häufig verzerrt werden und deren Zweck vor allem ein gesunder Snack ist. Müsli- und Cerealienriegel werden dabei mehrheitlich als gesund eingestuft, was ein wesentliches Kaufkriterium für die Konsumenten ist. Die präferierte Preisspanne von 21 – 40 Cent pro Riegel bietet dabei eine Rahmen, der auch reichhaltige Inhaltsstoffe zulässt.

Eine qualitative Grundlagenstudie zum Müsliriegelmarkt in Deutschland, in welcher ebenfalls die Motive, Gewohnheiten und Einstellungen zum Verzehr von

Müsliriegeln untersucht wurden, deckt sich zum Teil mit den Ergebnissen der quantitativen Befragung, zeigt jedoch noch weitere Einstellungen und Motive des Konsumenten auf (es handelt sich hierbei um die IRI 2011 New Product Pacesetters). Auch in dieser Studie wurde deutlich, dass Müsliriegel in erster Linie als unkomplizierter und praktischer Snack für zwischendurch verzehrt und als kurzfristige Energiequelle genutzt werden und teilweise sogar als Mahlzeitenersatz dienen. Die Befragten konstatierten weiterhin, dass Müsliriegel eher tagsüber und weniger abends zu Hause konsumiert werden (vgl. IRI 2011 New Product Pacesetters).

Zudem wurde festgestellt, dass die Konsumenten in Bezug auf den Faktor Gesundheit eines Müsliriegels ein ambivalentes Antwortverhalten aufweisen. Einige Studienteilnehmer der qualitativen Studie schätzen Müsliriegel tendenziell als gesund ein oder geben zumindest an, diese im Vergleich zu Schokoriegeln als gesünder einzuschätzen. Andere Studienteilnehmer, die sich stärker mit Ernährung auseinandersetzen, stufen Müsliriegel aufgrund ihres Zucker- und Kaloriengehalts sogar in die Kategorie Süßigkeit ein. Die Autoren resümieren, dass der Müsliriegel im Rahmen einer Gewissensberuhigung oftmals dem Schokoriegel vorgezogen wird. „Light"-Versionen und Produkte aus dem Reformhaus oder Biomarkt werden von einigen Befragten als gesündere Alternative in Erwägung gezogen, jedoch stehen andere Teilnehmer gerade der „Light"-Version kritisch gegenüber.

Aus dem Antwortverhalten der Probanden lässt sich somit schließen, dass ein wirklich gesunder Müsliriegel, der auch noch geschmackvoll ist, ein die optimale Kombination der Kundenwünsche darstellt.

Weiterhin lässt sich feststellen, dass Siegel von Stiftung Warentest, Ökotest oder DLG eine unterbewusste Aufwertung der Produkte in Richtung gesunder Attribute bewirken kann.

In Bezug auf die Einstellung zu Handelsmarken gaben Befragte an, dass der primäre Kaufgrund preislicher Natur sei. Eine kontinuierliche Steigerung der Qualität von Handelsmarken wurde von Studienteilnehmern zwar wahrgenommen, jedoch wird Corny im Allgemeinen als Qualitätsführer gesehen und teilweise auf dem Branchenmarkt als einzig präsente Marke wahrgenommen. Des Weiteren wird angemerkt, dass die Wahl der Marke eher auf pragmatischen Gründen basiert, was bedeutet, dass zusätzliche Fahrtwege für den Erwerb einer bestimmten Marke eher unwahrscheinlich seien.

Im Bereich der Branchentrends bewerten die Studienteilnehmer zum einen „Corny Nussvoll" positiv, zum anderen werden Trends wie bspw. Chili-Schokolade oder Cranberry wahrgenommen, jedoch aufgrund geschmacklicher Präferenzen kontrovers eingestuft.

4.4 Zentrale Themen und Fragestellungen

Die Case Study ist der potenziellen Verbesserung der Wettbewerbsfähigkeit der Firma Nibbles untergeordnet. Schwerpunkt der Betrachtung der Case Study ist das Geschäftsfeld der Müsliriegelprodukte unter Berücksichtigung der Fragestellung nach Marktpotenzialen für artverwandte, über das Segment im Markt etablierter Müsliriegel hinausgehender Produkte. Es gilt, sowohl die Leistungsfähigkeit regionaler Unternehmen durch Verbindung von wissenschaftlicher Arbeit und Praxis zu erhöhen, als auch Analyseinstrumente zu erlernen, die jederzeit wieder verwendet werden können. In der Case Study „Nibbles – auf der Suche nach dem perfekten Riegel" geht es um die innovative Produkteinführung eines neuen Müsliriegels.

Die erfolgreiche Einführung neuer Produkte wird unter anderem durch gesättigte Märkte und zunehmende Globalisierung komplexer und schwieriger realisierbar. Eine stetige Weiterentwicklung der Produkte ist entscheidend, um den Bedürfnissen der Konsumenten zu entsprechen und konkurrenzfähig zu bleiben. Auch kleine und mittlere Unternehmen haben längst erkannt, dass die regelmäßige erfolgreiche Einführung von Innovationen zu einer laufenden Verpflichtung geworden ist, um langfristig am Markt zu bestehen.

An der Vielzahl von Literatur, Unternehmen im Müsli-und Cerealienmarkt und Kunden wünschen wird ersichtlich, dass der Innovationsbereitschaft eine große Bedeutung für die Wirtschaft zugesprochen wird. Dabei sind Innovationen besonders für den Mittelstand mit Chancen und Risiken verbunden. Dies gilt insbesondere in einer Zeit, die von immer kürzer werdenden Produktlebenszyklen geprägt ist (vgl. Kaschny, Nolden, Schreuder 2015: 15): Einerseits können die Unternehmen nur durch Innovationen im Wettbewerb bestehen, andererseits ist ihr Handlungsspielraum durch begrenzte Ressourcen und der Marktmacht von Herstellermarken wie Corny, vor allem an Finanzmitteln, beschränkt. Ein Fehlschlag würde somit höher ins Gewicht fallen als es bei Großunternehmen der Fall wäre.

Umso wichtiger erscheint damit eine Analyse des Unternehmens, des Marktes, sowie möglicher Potenziale und Risiken, um anhand von gegebenen Analyseinstrumenten eine Produkteinführung mit dazugehörigen Marketingstrategien für die Firma Nibbles zu entwickeln.

Lehrstrategie 5

Nachdem eine Einführung in den Fall, den Markt, den Konsumenten und das Unternehmen gegeben wurde, sollen die Lernphilosophie und Lehrstrategie der Case Study sowie deren Lernziele und Umfang im Folgenden näher dargestellt werden.

Neben der Einteilung in den Lehrplan und der Erläuterung der einzelnen Schritte, wird die Bearbeitung der Case Study in fünf Phasen vorgenommen, in denen sich die Bearbeitenden mit dem Fall vertraut machen, die Aufgaben behandeln, lösen und anschließend diskutieren (Abschn. 5.1). Zuerst wird eine grobe Einteilung der Bearbeitung gegeben, die in Phasen eingeteilt wird. Hieran anschließen wird sich die Lehr- und Lernphilosophie der Case Study (Abschn. 5.5) sowie die verfolgten Lernstrategien (Abschn. 5.2). Die Lernziele (Abschn. 5.4) und der detaillierte Lehrplan (Abschn. 5.5) schließen die Lehrstrategie der Case Study ab.

5.1 Umfang

Um der Komplexität der Case Study und der relevanten Themen und Fragestellungen gerecht zu werden sowie einen tiefgreifenden Lerneffekt zu erzielen, wurde die Case Study für eine umfangreiche Bearbeitung in einem mehrstufigen Prozess bis zu insgesamt 150 Stunden Arbeitsaufwand für die Lernenden entwickelt. Neben einer zeitintensiven Rechercheanforderung beinhaltet dieser auch eine Ausarbeitung eines wissenschaftlichen Berichts seitens der Lernenden.

Die Bearbeitung der Case Study unterteilt sich in folgende unterschiedliche Aufgabenstellungen:

- Phase 1: Aufgabenstellung
- Phase 2: Problemanalyse

- Phase 3: Umsetzung
- Phase 4: Lösungsvorstellung
- Phase 5: Bewertung

5.1.1 Phase 1: Aufgabenstellung

In dieser Phase erhalten die Bearbeitenden die komplette Case Study inklusive Arbeitsmaterial und Zusatzinformationen. Es wird von ihnen erwartet, dass sie sich mit der Case Study und dem Arbeitsmaterial selbstständig vertraut machen. Die Bearbeitenden können ihre Bearbeitungszeit frei einteilen, müssen jedoch die vorgegebenen Phasen einhalten.

5.1.2 Phase 2: Problemanalyse

In dieser zweiten Phase beschäftigen sich die Lernenden mit der Problemanalyse. Es wird erwartet, dass sie sich mit der Aufgaben- und Zielsetzung intensiv auseinandersetzen, verschiedene Lösungsansätze diskutieren sowie deren Vor- und Nachteile bewerten, um die beste Lösungsstrategie zu finden.

5.1.3 Phase 3: Umsetzung

In der dritten Phase erstellen die Bearbeitenden die geforderten Arbeitsdokumente. Hierzu stellen sie einen Arbeitsplan auf und arbeiten ihren Lösungsvorschlag auf. In dieser Phase wird sich zeigen, ob der Lösungsweg zum Erfolg führt oder ob die Lernenden eventuell eine neue Lösungsstrategie aufstellen müssen.

5.1.4 Phase 4: Lösungsvorstellung

Daraufhin werden in der vierten Phase die Arbeitsergebnisse mit allen Bearbeitenden vorgestellt und gemeinsam die Ergebnisse diskutiert. Ziele dieser Phase sind, dass die Lernenden:

- ihre Ergebnisse präsentieren und vermarkten
- sich mit kritischen Fragen und Kommentaren zu ihrer Arbeit auseinandersetzen
- verschiedene Lösungswege und Ansätze kennenlernen und diese kritisch hinterfragen.

5.1.5 Phase 5: Beurteilung

In der fünften Phase werden von den Betreuern der Case Study die Bearbeitung

- der Arbeitsergebnisse,
- der arbeitsbegleitenden Aufzeichnungen und
- der Teilnahme an der Informationsaustauschveranstaltung

bewertet. In dieser Phase haben die Bearbeitenden keinen aktiven Part.

5.2 Lehr- und Lernphilosophie

Hintergrund einer intensiven Auseinandersetzung mit dem konkreten Fall als Lernmethode sind konstruktivistische Lehr- und Lernansätze. Diesen folgend lernen Menschen vor allem das, womit sie sich selbst intensiv auseinandersetzen und woraus sie selber und eigenständig Lösungsansätze erarbeiten. Der generelle Vorteil des Lernens mit einer Case Study, d. h. einem konkreten Beispiels aus der Praxis, kann demnach nur in sinnvollem Maße erreicht werden, wenn den Lernenden während der Bearbeitung ausreichend Raum und die Zeit für eine tiefgreifende und eigenständige Auseinandersetzung mit dem Fall und eigene Recherche gegeben wird.

5.3 Lernstrategie

Um der Komplexität der Case Study und den relevanten Themen und Fragestellungen gerecht zu werden sowie einen tiefgreifenden Lerneffekt zu erzielen, wurde die Case Study für eine umfangreiche Bearbeitung mit insgesamt 150 Stunden Arbeitsaufwand für die Bearbeitenden gestaltet.

Empfohlen wird die Verwendung der Case Study in einem mehrstufigen Prozess, welcher zeitintensive Rechercheanforderungen an die Lernenden und eine Ausarbeitung eines wissenschaftlichen Berichts beinhaltet.

Ein konstruktivistisches Lehr- und Lernverständnis impliziert für Sie als Dozierende/n eine stark moderierende und unterstützende Rolle und weniger die des Wissens vermitteldnen Akteurs.

Die Lernenden übernehmen Verantwortung für ihren eigenen Lernprozess und haben die Möglichkeit, sowohl in Einzel- als auch Gruppenarbeit zu lernen und verschiedene überfachliche Kompetenzen zu üben.

Zusätzlich zur Case Study stehen Ihnen weitere Zusatzmaterialen zur Verfügung. Diese umfassen zum einen weitere Informationen und Forschungsergebnisse rund um die für Nibbles relevanten Märkte und Konsumtrends. Zum anderen gehören auch Literaturverweise zu den Unterlagen der relevanten Theorien und Ansätzen der Case Study.

Mit Hilfe dieses Zusatzmaterials können die Lernenden sich selbst mit dem Stand des Unternehmensumfeldes und den empfohlenen Theorien und Konzepten vertraut machen. Darüber hinaus wird empfohlen, weitere Recherche zu betreiben, um die Aufgabenstellungen zu bearbeiten.

5.4 Lernziele und Zielgruppe

Die Leuphana Professional School wendet sich in ihrer Kernausrichtung „Weiterbildung – Kooperation – Wissenstransfer" fokussiert auf Weiterbildungsinteressierte, Existenzgründer und Unternehmen. Auch Letztere sollen direkten Zugang zu Ressourcen der akademischen Lehre und Arbeit erhalten und auf diese Weise ein wechselseitiges Profitieren ermöglichen.

Im Zuge der Lehre quantitativer und qualitativer Forschung, Messung, Auswertung und Interpretation von Daten schlägt die vorliegende Arbeit die Brücke zwischen akademischer Theorie und betrieblich verwendbarer Praxis. Erhaltene Daten mit analytischer Skepsis nicht als gegeben zu betrachten, ihnen dennoch unter Nutzung verschiedener Blickwinkel und Optionen aber auch dann einen Mehrwert abzugewinnen, wenn die vorausgehende praktische Umsetzung eines Forschungsauftrages nicht den üblichen Standards von Forschung und Lehre entspricht.

Fach- und Methodenkompetenz Anhand der Bearbeitung des Falls zur Produkteinführung der Firma Nibbles sollen Lernende folgende Fach und Methodenkompetenz einüben:

1. Ein Grundverständnis der Inhalte und Aufgaben des Managements einer Produkteinführung
2. Aktuelle Trends und Herausforderungen in die Betrachtung der Produktidee
3. Spezifisches Wissen zum Müsliriegelmarkt
4. Generelles, branchenübergreifendes Wissen zu Strategien und Instrumenten, die für eine Produkteinführung, um diese im Rahmen der Case Study zu erarbeiten und anzuwenden. Dazu gehören:
    a. Die Geschäftsfeldabgrenzung
    b. Die Marktsegmentierung

5.4 Lernziele und Zielgruppe

    c. Eine SWOT-Analyse
    d. Die Marketinginstrumente: „4 P"
5. Wissenschaftliches Arbeiten und Schreiben: strukturierte, analytische und theoriegeleitete Methodenkompetenz

Überfachliche Lernziele

Lernziel 1 – Verstehen und Perspektiven öffnen: Hierbei lernen Bearbeitende, die Besonderheiten, die Komplexität und Möglichkeiten innovativer Ideen einer Produkteinführung zu erkennen und zu verstehen. Weiterhin sollen die Lernenden das aktuelle Marktgeschehen in ihre Argumentationen einplanen, da insbesondere der Müsliriegelmarkt von starken Schwankungen betroffen ist. Dadurch sollen Kriterien für potenzielle Ausgestaltung von Produkteinführungen identifiziert sowie abgeleitet und Vor- sowie Nachteile dieser gearbeitet werden. Dies geschieht durch die Aufgabenbearbeitung in Abschn. 6.7.

Lernziel 2 – Analysekompetenz: Hierbei werden Bearbeitende die Fähigkeit erlernen, theoretische und konzeptionelle Herangehensweisen im Fokus der Betrachtung zu setzen und mit Hilfe dieser einen Fall strukturiert zu analysieren. Lernende sollen verschiedene theoretische Ansätze zum Verständnis, zur Strukturierung und zur Analyse des Falles anwenden. Die Herausforderung besteht dabei in der Komplexität einer Produkteinführung in Verbindung mit dem Marktumfeld, den individuellen Chancen des Unternehmens, den Verbraucherwünschen sowie dem dazugehörigen Marketing. Zur Bearbeitung gehört ebenfalls die Umsetzung von wissenschaftlichen Anforderungen an die Verschriftlichung der Analyse, wie zum Beispiel das Verfassen einer schriftlichen Arbeit (Zitierweisen, Quellenangaben, etc.).

Lernziel 3 – Entscheidungs- und Argumentationskompetenz: Aufbauend auf die vorhergehenden Anforderungen zur Analyse des Falles, sollen Lernende dazu befähigt werden, Maßnahmen aus Sicht der Unternehmensführung auf den konkreten Fall anzuwenden, mögliche Handlungsoptionen und eine Empfehlung für das Unternehmen Nibbles herauszuarbeiten und diese theoriegeleitet zu begründen. Aus den verschiedenen Optionen, die für das Unternehmen effizienteste und den Chancen und Risiken angepasste Empfehlung herauszuarbeiten, fördert die Kompetenz zur Entscheidungsfindung und zur Argumentation der Lösung.

Lernziel 4 – Handlungsmotivation: Die Arbeit an einem konkreten, realen Fall aus der Region soll Bearbeitende dazu motivieren, den Blick auf eigene Handlungsmöglichkeiten in ihrem eigenen Umfeld zu erweitern und sie dazu motivieren,

Erkenntnisse aus der Arbeit mit der Case Study in ihr alltägliches, praktisches Handeln zu übersetzen.

Lernziel 5 – Soft Skills: Durch die verschiedenen Arbeitsweisen der Einzel- oder Gruppenarbeit soll den Lernenden die Möglichkeit gegeben werden, virtuelle Teamarbeit sowie Gruppenkommunikation – insbesondere über Social Media Tools – zu üben, die eine Absprache über gegebenenfalls größere räumliche Distanz ermöglicht. Die Berücksichtigung der Hilfestellungen, konstruktiven Kritik oder Hinweisgebung ermöglicht nicht nur ein ausgereiftes und differenziert betrachtetes Ergebnis, sondern auch die Kompetenz, in einer Gruppenarbeit auf alle Mitglieder einzugehen und deren Äußerungen zu berücksichtigen.

5.5 Lehrplan

Der empfohlene Lehrplan (Abb. 5.1 und Abb. 5.2 bis Abb. 5.4) bezieht sich auf einen Arbeitsumfang von 150 Arbeitsstunden für die Lernenden. Er orientiert sich an der Aufgabenstellung und zeigt auf, in welcher Phase welcher Arbeitsumfang gefordert wird.

Lehrplan im Überblick

Phase I Intro: Thematischer Einstieg in die Bearbeitung der Case Study.

Phase II Dive In & Develop: Bearbeitung und Analyse des Falls, Entwicklung verschiedener Handlungsalternativen.

Phase III Develop & Solve: Überarbeitung der Handlungsalternativen, Auswahl einer Lösung und Begründung.

Phase IV Present & Discuss: Präsentation und Diskussion der Ergebnisse

Phase V Document: Dokumentation der Ergebnisse in einem wissenschaftlichen Bericht

Phase VI: Evaluate & Reflect, Feedback: Evaluation und Reflexion der Lernergebnisse

5.5 Lehrplan

Lernphase	Inhalt	Woche, Workload
Phase I: Intro		
Thematischer Einstieg in die Bearbeitung der Case Study	• Präsentation des Lehrplans und erste Instruktionen • Vertraut machen mit dem Unternehmen durch zusätzliche Informationen im Anhang • Einstieg in die Case Study die Methoden und den Verlauf der Bearbeitung	Woche 1 (1 Woche) 10 Stunden 10h/W.
Phase II: Dive In & Develop		
Bearbeitung und Analyse des Falls	Fallanalyse und Beantwortung der Fragen 1 und 2	Wochen 2 bis 4 (3 Wochen) 30 Stunden 10h/W.
Phase III: Develop & Solve		
Entwicklung von Produktideen	Beantwortung Fragen 2 und 3: Entwicklung Produktideen inkl. SWOT- Analyse	Wochen 6 bis 8 36 Stunden 12h/W.
Phase IV: Present & Discuss		
nach 8 Wochen: Präsenzveranstaltung	Präsenzveranstaltung für die Präsentation und Diskussion der Ergebnisse mit der/dem Dozierenden und der Gruppe	Ende Woche 8 20 Stunden
Phase V: Document		
Erstellung eines wissenschaftlichen Berichts	Betreuung der Lernenden bei der Erstellung eines wissenschaftlichen Ergebnisberichts	Wochen 9 bis 12 (4 Wochen) 48 Stunden 12h/Woche
Phase VI: Evaluate & Reflect, Feedback		
Evaluation, Reflexion und Feedback	• Motivation zur individuellen Reflexion des Lernprozesses und Einladung zur schriftlichen Evaluation der Veranstaltung durch die TeilnehmerInnen am Ende von Woche 12 • *Bis Ende Woche 16:* Feedback zur Evaluation • *Bis Ende Woche 16:* Korrektur des wissenschaftliche Berichts und Bewertung	Wochen 13 bis 16 (4 Wochen) 6 Stunden

Abb. 5.1 Lernphasen

Detaillierter Lehrplan	
Phase I Intro	
Kurzbeschreibung	**Ziele**
- Thematische Einführung durch die/den Dozierende/n - Erwartungen der Lernenden an das Modul - Erläuterung der Online-Bearbeitung	- Einstimmung und Motivation - Erstes Verständnis für das Thema entwickeln, die Bedeutung von innovativen Produkteinführungen verinnerlichen - Überblick der Lerninhalte erhalten
Aufgaben für Dozierende - Bereitstellung von Fragestellungen zum Brainstorming zur Einleitung und zum Abfragen der bisherigen Erfahrungen - Themenstellung sowie inhaltliche und technische Informationen liefern - Betreuung des thematischen und sozialen Einstiegs der Studierenden durch eigene Teilnahme am Brainstorming und Kommentierung der Studierendenbeiträge.	
Bearbeitungszeitraum 1 Woche	**Workload** 10 Stunden
Methodik und Aufgabenstellung - selbstständiger Einstieg in das Unternehmen durch Recherche und Bearbeitung der Case Study - Anforderungen und Technik sind erläutert und ein pädagogischer Einstieg gegeben	
Phase II Dive In & Develop (3 Wochen)	
Kurzbeschreibung	**Ziele**

- Bearbeitung und Analyse des Falls
- Entwicklung verschiedener Handlungsalternativen
    - Trendentwicklung
    - Marketingstrategie
- Erste Konzeption einreichen
- Feedback Dozierende/r
	- Verständnis für die Methodik der Produkteinführung gewinnen:
	    - Welche Instrumente sind erforderlich?
	    - Welche Chancen und Risiken stellen sich Unternehmen?
	    - Welches Marketing für welche Zielgruppe?

Aufgaben für Dozierende
- Lernende während der Fallbearbeitung zu einem ersten Konzept („Road map" für späteren Bericht) anleiten und unterstützen, sodass
    - Bewertungsmöglichekeiten und
    - Theorien, Konzepte sowie Instrumente
Sinnvoll entsprechend des Falles angewandt werden. Es sollte enthalten sein:
    - Bewertung der Trendprognosen und darauf aufbauend die Ausarbeitung verschiedener Handlungsoptionen für Nibbles, basierend auf den Entwicklungspotential und der aus dem Markt resultierenden Managaementproblemstellung beziehungsweise –Herausforderung für eine Produkteinführung
    - Eine Marketinganalyse
    - Erste Ideen einese Produktes
- Bearbeitung Bearbeitenden-Konzeptionen, Feedbackgespräche	

Bearbeitungszeitraum Woche 2-4	**Workload** 35 Stunden
Methodik und Aufgabenstellung - Trendevaluation anhand Recherche und Zusatzmaterial - Anwendung dieses Trends auf Unternehmensoptionen und –grenzen - Produktideen entwickeln - Marketingstrategien erarbeiten und anwenden	

Abb. 5.2 Detaillierter Lehrplan (1)

5.5 Lehrplan

Phase III Develop & Solve	
Kurzbeschreibung - Die Bearbeitenden verarbeiten das Dozierendenfeedback - Bearbeiten und bewerten der Handlungsalternativen auf Basis eigener Argumentation und Konzeption - Auswahl einer Alternative und Entwicklung einer theoriegeleiteten Begründung des Lösungsvorschlags für das strategische sowie operative Management einer Produkteinfhrung über Nibbles - Vorbereitung der Ergebnispräsentation für die Gruppenphase	**Ziele** - Stärkung der theoriegeleiteten Argumentationsfähigkeit - Ausbau der Analyse-, Entscheidungs- und Argumentationskompetenz - Steigerung der Anwendungs- und Lösungsorientierung
Aufgaben für Dozierende - Betreuung der Lernenden bei der Erstellung eines umfassenden Lösungsvorschlags - Erläuterung der Bedeutung vom wissenschaftlichen Arbeiten	
Bearbeitungszeitraum Woche 5-8	**Workload** 40 Stunden
Methodik und Aufgabenstellung - Produktideen verfeinern und anhand der Theorie begründen - Analyse der Ergebnisse der Omnibusbefragung - SWOT-Analyse aufbauend auf die Produktideen	
Phase IV Present & Discuss	
Kurzbeschreibung - Präsenzwochenende in der Gruppe - Präsentation der Lösungsvorschläge und nach Möglichkeit unter Beteiligung von UnternehmensvertreterInnen - Dialog und Wissenstransfer zwischen Lernenden, Dozierenden und UnternehmensvertreterInnen - Transfer des Wissens auf andere Unternehmen, Branchen und/oder das eigene Berufsumfeld	**Ziele** - Entwicklung der Präsentations- und Diskussionsfähigkeit - Erhöhung der Transferfähigkeit (andere Unternehmens, andere Branchen, eigenes Berufsumfeld) - Stärkung der theoriegeleiteten Argumentationsfähigkeit (Theorieanwendung) - Ausbau der Analyse-, Entscheidungs- und Argumentationskompetenz - Steigerung der Anwendungs- und Lösungsorientierung
Aufgaben für Dozierende - Organisation und Moderation der Präsenzveranstaltung für die Präsentation und Diskussion der Bearbeitendenergebnisse mit Vertreterinnen und Vertretern des Unternehmens Nibbles	
Bearbeitungszeitraum Samstag und Sonntag der Woche 8	**Workload** 20 Stunden
Methodik und Aufgabenstellung - Präsentationsvorbereitung - Argumentation für den eigenen Lösungsvorschlag vorbereiten - Auf Feedback und eventuelle Änderungen reagieren	

Abb. 5.3 Detaillierter Lehrplan (2)

Phase V Document

Kurzbeschreibung	Ziele
- Feedback der Dozierenden zu den Präsentationen per Mail - Die Ergebnisse und das Feedback der Präsentation und Diskussion der Gruppe werden in den Lösungsvorschlag verarbeitet und integriert - Die Aufgabenbearbeitung wird abgeschlossen und aufbereitet - Erstellung eines wissenschaftlichen Ergebnisberichts, der aus einer umfassenden theoriegeleiteten Analyse und Lösung des Falls besteht	- wissenschaftlichen Arbeitsweisen anwenden - Theorie- und Konzeptanwendung für die Praxis herausarbeiten - Umgehen und Integration der Feedbackrunde

Aufgaben für Dozierende
- Betreuung der Lernenden bei der Erstellung eines wissenschaftlichen Ergebnisberichts

Bearbeitungszeit	Workload
Woche 9-12	40 Stunden

Methodik und Aufgabenstellung
- Erstellung eines wissenschaftlichen Ergebnisberichts anhand der Ergebnisse aus der Aufgabenstellung und den Präsentations- und Diskussionsergebnissen

Phase VI Evaluate & Reflect, Feedback

Kurzbeschreibung	Ziele
- Schriftliche Evaluation zur Präsenzveranstaltung direkt im Anschluss durch die Bearbeitenden - Schriftliche Evaluation der Online-Phase und des Gesamteindrucks - Bewertung der wissenschaftlichen ergebnisberichte und Feedback an die Bearbeitenden durch den Dozierenden - Feedback zur Evaluation der Studierenden - Verarbeitung des Feedbacks und Verbesserung des Konzepts der Case Study	- Stärkung der Reflexionsfähigkeit in Bezug auf das eigene Handeln, die Arbeit und den eigenen Lernprozess - Entwicklung der Feedback- und Kritikfähigkeit - Stetige Verbesserung und Aktualisierung des Konzepts der Case Study

Aufgaben für Dozierende
- Bewertung der wissenschaftlichen Ergebnisberichte und Feedback an die Lernenden
- Feedback zur Evaluation der Studierenden
- Druchführung eines Evaluationsgesprächs bzgl. der Präsenzphase

Bearbeitungszeitraum	Workload
Woche 9-16	5 Stunden

Methodik und Aufgabenstellung
- Feedbackrunde zur Verbesserung der eigenen Leistung aber auch zur Verbesserung des Moduls

Abb. 5.4 Detaillierter Lehrplan (3)

Fallanalyse 6

Im Rahmen der folgenden Analyse werden die für die Bearbeitung der Case Study relevanten Analyseschritte und Werkzeuge erläutert.

Die Fallanalyse teilt sich zunächst in eine deskriptive Analyse des Unternehmens Nibbles und dessen Holding (Abschn. 6.1) und eine einleitende Analyse des Marktes (Abschn. 6.2.).

Darauf folgt eine Skizzierung der Vorgehensweise zur Entwicklung eines Lösungsvorschlags für das Unternehmen, in der die Werkzeuge der Fallbearbeitung vorgestellt und erläutert werden, sodass bei der späteren Fallbearbeitung ein Wissen über die zu verwendenden Analysewerkzeuge besteht.

Anhand dieser Werkezuge werden das Umfeld, das Unternehmen, das Produkt, Chancen, Risiken und Wege der Produkteinführung aufgegriffen. Somit wird, begonnen mit der Situation des Unternehmens, eine fortschreitende Detailerarbeitung des Ablaufs einer Produkteinführung vorgestellt. Eine gesamte Situationsanalyse des Unternehmens bildet den Beginn der Untersuchung, woraufhin speziell auf das besondere Marktsegment der Müsliriegel und eine dafür ausgerichtete Marketingstrategie eingegangen wird.

Dieser Abschnitt wird von einer Einleitung in das Feld der Produkteinführung begonnen (Abschn. 6.3.). Des Weiteren wird die SWOT-Analyse zur Marktumfelduntersuchung detailliert beschrieben (Abschn. 6.4.), woraufhin die Zielgruppe (Abschn. 6.5.) und die entsprechende Anpassung der Marketingstrategie (Abschn. 6.6.) vorgestellt wird. Zuletzt soll eine Anwendung der Erlernten Werkzeuge anhand mehrerer Arbeitsblätter stattfinden (Abschn. 6.7.).

Die zentralen Aspekte dieses Falles in seinen Kontextbedingungen werden dargestellt, aber keine Musterlösung abgeleitet. Vielmehr bietet die Fallanalyse eine Entscheidungs-, Argumentations- und damit Bewertungsgrundlage für die verschiedenen möglichen Lösungs- und Implementierungsvorschläge der Bearbeitenden.

Strategische Instrumente helfen dabei, bei der strategischen Planung systematisch vorzugehen.

Im nachfolgenden Abschnitt wird der Fall anhand einiger vorgestellter Instrumente mit ihrer Bedeutung und ihren Anwendungsbedingungen erläutert. Mit einer allgemeinen Betrachtung beginnend, wird die Analyse der Umwelt zuerst durchgeführt. Hier sollen Gegebenheiten, wie technische Entwicklungen oder Gesetze, die das Unternehmen extern beeinflussen, verdeutlicht werden. Dagegen kann das Produktportfolio, das in einem weiteren Schritt der Analyse betrachtet wird, durchaus aktiv gestaltet werden.

6.1 Das Unternehmen

Das Unternehmen Nibbles ist als eigenständiges Unternehmen auf dem Lebensmittelsektor etabliert. Die Hauptprodukte des Unternehmens sind Müsliriegel und Fruchtschnitten. Das parallele Verfolgen des Handelsmarkengeschäfts einerseits und die Entwicklung bzw. der Erwerb eigener Marken andererseits, verhalf der Firma Nibbles zum Aufstieg zu einem international operierenden Lebensmittelunternehmen. Man setzte auf Produktdifferenzierung und vergrößerte somit über Jahrzehnte hinweg die Produktvielfalt.

So konnte sich das Unternehmen mit einem stetig weiter wachsen und zu einem etablierten Anbieter von Müsliriegeln auf dem deutschen und europäischen Markt werden. Nibbles produziert die Müsliriegel Handelsmarke Cerealia und Pessulus, während gleichzeitig auch Fruchtschnitten hergestellt und an Drogeriemärkte mit Handelsmarken beliefert werden[1].

Seine Existenzberechtigung hat Nibbles, solange es einen Absatzmarkt für die verschiedenen Standbeine Fruchtschnitten sowie Müsli- und Cerealienriegel gibt. Das Schicksal ist somit stark mit der Marktentwicklung verbunden. Die Herausforderung besteht darin, die etablierte Position zu halten, das Absatzvolumen kontinuierlich zu steigern und gleichzeitig auf die sich verändernden Marktverhältnisse und -herausforderungen zu reagieren. Dazu gehören ebenso die Reaktion auf Innovationen der Mitbewerber und das Eingehen auf sich verändernde Kundenwünsche. Gleichzeitig soll die Kostenführerschaft im Vergleich zum Wettbewerb erhalten werden. Nibbles versucht daher, ein möglichst großes Volumen des Marktes auszuschöpfen, was in Anbetracht der stagnierenden Märkte im Süßstoff- und Riegelbereich sowie des zu betrachtenden Marktes der Müsli- und

---

[1]Allgemeine Informationen sowie Leistungen und das Angebot des Unternehmens finden sich in aller Kürze in Abb. 9.2 im Abschnitt „Zusätzliche Literatur".

6.1 Das Unternehmen

Cerealienmärkte unter Vorherrschaft des größten Mitbewerbers Schwartau, beziehungsweise Corny Herausforderungen darstellt. Hinter dem Absatzvolumen stecken Kosten, die gedeckt werden müssen, während gleichzeitig die Investitionen in Standort, Maschinen und Material beglichen werden muss. Im Bereich Müsli- und Cerealienriegel geht es in erster Linie darum, die Marktanteile zu vergrößern. Die Kapazität soll weiter ausgelastet werden. „Unser Nährmittelwerk verfügt über hochtechnisierte Anlagen und es ist noch Platz, das Geschäftsfeld auszubauen", erläutert Geschäftsführer Helmut Müller. Eine weitere Strategie des Unternehmens ist es, neue Geschäftsfelder aufzudecken, die das unternehmenseigene Nährmittelwerk produzieren kann. „Wir sind immer auf der Suche nach innovativen Ideen, welche die Kundenwünsche in der Region abbilden und damit eine Marktlücke decken. Dazu laden wir Schulklassen zu Werksbesichtigungen ein, um von den Kindern und Jugendlichen zu hören, was ihnen schmeckt, was ihnen wichtig ist und in welchen Alltagssituationen sie einfach Appetit auf unsere Riegel haben. Gleichzeitig erfahren die Kinder und Jugendlichen den ökologischen Umgang mit Nahrungsmitteln und die Produktion mit hochtechnologischen Maschinen. Die Jugendlichen beeinflussen damit die Produktpalette wesentlich mit und üben einen Einfluss auf ihre Eltern aus, ihre Lieblingssorten zu kaufen."

Besonderen Wert legt man in der Firma auf einen flache Hierarchie und das Prinzip der offenen Tür. „Dies ist auch wichtig, denn in unseren Branchen ist es lebensnotwendig, schnelle Entscheidungen zu treffen. Wir produzieren keine Schrauben, wir produzieren Lebensmittel mit begrenzter Haltbarkeit." Dies bedarf einer großen logistischen Präzision. Wenn Nibbles nicht schnell genug produziert, können Rohstoffe nicht weiterverarbeitet werden, denn selbst die Folien für die Verpackung sind nur begrenzt haltbar. Darüber hinaus unterliegen die Aufträge großen Schwankungen. „Der Kunde möchte das Produkt A, wir haben aber nur B im Lager. Zusätzlich benötigen wir für die Rohstoffbestellungen einen Vorlauf von 4–6 Wochen. Höchste Priorität in diesem Geschäft ist, dass der Kunde beliefert werden kann. Das ist sogar noch wichtiger als der Preis." Das reibungslose Zusammenspiel von Einkauf und Verkauf ist hierbei von besonderer Bedeutung. Jegliche Verhandlungen mit Vertriebspartnern laufen über den Tisch von Geschäftsführer Helmut Müller und es ist von großer Notwendigkeit, dass dieser jederzeit über aktuelle Entwicklungen informiert ist. Durch den ständigen Kontakt mit der Einkaufsabteilung ist er über die Entwicklungen auf dem Rohstoffmarkt genauestens informiert und weiß, wie preisaggressiv er in den Verhandlungen rangehen kann. Darüber hinaus führt die Tatsache, dass alle Vertriebsabläufe über Herrn Müller abgewickelt werden, zu einem guten Beziehungsmanagement mit den Unternehmenspartnern. Die Verhandlungen sind knallhart und es kann auch mal vorkommen, dass der Verhandlungspartner das Gespräch verlässt, ohne seine selbst gesteckten Ziele erreicht zu haben. „Es bedarf hier schon einer verkäuferischen

Persönlichkeit mit Erfahrung, einem dicken Fell, jeder Menge Vertriebs-Knowhow und natürlich Wissen über jegliche Marktgegebenheiten", so Helmut Müller. Der Vorteil des Unternehmens Nibbles ist, dass die GmbH über eine sehr hohe Flexibilität verfügt: Wenn Kundenanfragen gestellt werden oder Probleme aufkommen, setzen sich die involvierten Mitarbeiter zusammen und arbeiten direkt an einer Lösung. Ein weiterer Vorteil ist ebenfalls, dass Nibbles auf die Strukturen der Holding zurückgreifen kann und diese auch finanziellen Rückhalt gibt. „Wir stehen natürlich im engen Austausch. So kann auf Marketing, Image und Unternehmensführungs-Know-how zurückgegriffen werden."

In Bezug auf eine Eigenmarke im Riegelbereich steht Nibbles gleich vor mehreren Herausforderungen. Zum einen verfügt das Unternehmen über keine Außendienstorganisation wie andere Unternehmen mit langjährig etablierten Marken, die es ihnen ermöglicht, die relevanten Geschäfte in regelmäßigen Abständen zu besuchen. Zum anderen kann Nibbles auf keine traditionsreiche Markenhistorie zurückgreifen. Claudia Reinert, zuständig für das strategische Marketing von Nibbles, erläutert: „Wir sind noch relativ neu im Markt. Corny hingegen ist beim Handel bekannt und hat wenig Probleme, neue Produkte in den Markt zu bekommen. Der Kunde kennt bereits das Image und das Produkt und greift weniger zu den Handelsmarken, die wir vertreiben. Gerade auch deshalb suchen wir nach innovativen Ideen, die geradezu einladen, den Müsliriegel oder die Fruchtschnitte probieren zu müssen." Als relativ unbekannter Anbieter wäre es eine sehr viel größere Kraftanstrengung, eine neue Marke zu positionieren, und es benötige daher einen „Wow-Effekt", der von Mitbewerbern absetzt.

6.2 Analyse des Marktes

Der „Müsli- und Cerealienriegelmarkt" ist Bestandteil des Marktsegmentes „Gesunde Riegel" und hat mit 62,3 % den größten Anteil des Gesamtsegmentes gefolgt von Sport- und Energieriegeln und Fruchtschnitten (19,3%) inne (siehe Abb. 6.1). Mit einem Umsatzvolumen von 129 Mio. € konnte der Bereich „Gesunde Riegel" 2011 im Vergleich zum Vorjahreswert ein Wachstum von 3,3 % aufweisen.

Die meisten Märkte stagnieren und auch Marktanteilsverschiebungen funktionieren trotz höchster Anstrengungen kaum noch. So gilt auch der Bereich „Müsli- und Cerealienriegel" als gesättigter Markt auf stagnierendem Niveau und verzeichnete zeitweise sogar bis zu 5 % rückläufige Verkaufszahlen.

Die Sättigung des Müsli-und Cerealienmarkts, aber auch die von vergleichbaren Marktsegmenten, zwingt Unternehmen wie Nibbles zu einer ständigen Anpassung der Produkte sowie neue Innovationen, um für die Kunden

6.2 Analyse des Marktes

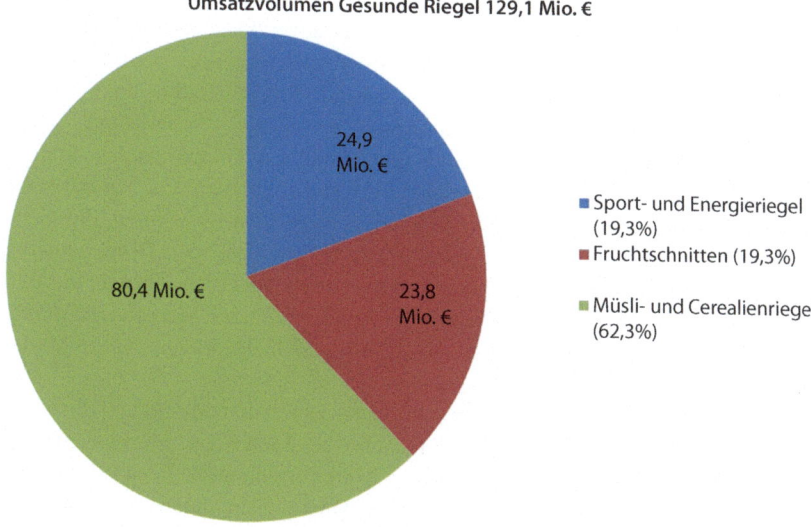

Abb. 6.1 Umsatzvolumen Gesunde Riegel

kontinuierlich neue Angebote zu schaffen. Oftmals reicht dabei nicht nur die optische Neugestaltung bereits vorhandener Produkte aus. Veränderte Anforderungen und Trends, welche die Kundenwünsche beeinflussen, machen dabei oftmals eine Neuentwicklung notwendig, die über die optische Neugestaltung hinausgeht. Selbst Corny, langjähriger Marktführer der Branche, musste in den letzten Jahren große Marktanteile einbüßen, verfügt 2011 jedoch immer noch über einen Marktanteil – Umsatz von 52,2 %, dicht gefolgt von den Handelsmarken, welche zusammen einen Marktanteil von 41,6 % (2011) ausmachen. Ca. 10 % des Marktes verteilen sich auf kleine Anbieter wie beispielsweise Brüggen, Eat Natural, Alnatura und Schneekoppe.

Der Marktführer Corny ist nicht nur mit seinem Standardsortiment erfolgreich, sondern gilt auch als Treiber für die Marktentwicklung und gibt kontinuierlich Impulse durch Neuprodukte. Aufgrund einer langjährigen Markentradition und eines recht umfangreichen Marketingetats verfügt Corny über eine hohe Marktdurchdringungsmacht, die in der Branche seinesgleichen sucht.

Die Handelsmarken vertreiben in erster Linie das Müsliriegel-Standardsortiment und bestechen vor allem durch geringe Preise zu einer vergleichbaren Qualität. Kunden verbinden jedoch mit den Herstellermarken ein Markenimage, das den Kauf begünstigt.

Marktimpulse werden allerdings nicht nur durch den Markführer gegeben, sondern auch durch den Eintritt und Ausbau innovativer, kleinerer Wettbewerber. So hat sich Alnatura mittlerweile als erfolgreiche Biomarke positioniert und baut den eigenen Marktanteil durch überzeugende Produktqualität, Innovationskraft und kontinuierlichen Distributionsausbau des eigenen Vertriebskanals stetig aus. Aber auch Eat Natural, Hersteller und Marke aus Großbritannien, konnte in Deutschland enorme Gewinne erzielen (118 % vs. Vorjahr). Eat Natural setzt dabei auf Premiumriegel mit eigenständigen, genussvollen Rezepturen, die nicht nur über den Lebensmitteleinzelhandel (Rewe, Edeka) und den Drogeriemarkt (Rossmann) angeboten, sondern auch online vertrieben werden. Ebenso wie Eat Natural und Alnatura sieht auch Nibbles seine Chance, seine Marktanteile durch innovative Neuprodukte zu erhöhen und ein erfolgreiche Positionierung im Markt zu gewinnen.

Die Firma Nibbles plant daher den Ausbau des Geschäftsfeldes Riegel über den Bereich der klassischen Müsli- und Cerealienriegel hinaus. Um Marktpotenziale identifizieren zu können, soll der Fokus der Marktforschungsstudie auf die wahrgenommenen Gesundheitseigenschaften von Müsliriegeln durch Konsumenten gerichtet werden. Hintergrund ist eine Omnibusbefragung aus dem Jahr 2009, nach welcher der Gesundheitsaspekt den dominierenden motivationalen Treiber für den Kauf von Müsliriegeln darstellt (Abb. 6.2). Es zeigt sich, dass Müsliriegel ein Produkt darstellen, die häufig verzerrt werden und deren Zweck vor allem ein gesunder Snack ist. Müsli- und Cerealienriegel werden dabei mehrheitlich als gesund eingestuft, was ein wesentliches Kaufkriterium für die Konsumenten ist. Die präferierte Preisspanne von 21 – 40 Cent pro Riegel bietet dabei eine Rahmen, der auch reichhaltige Inhaltsstoffe zulässt.

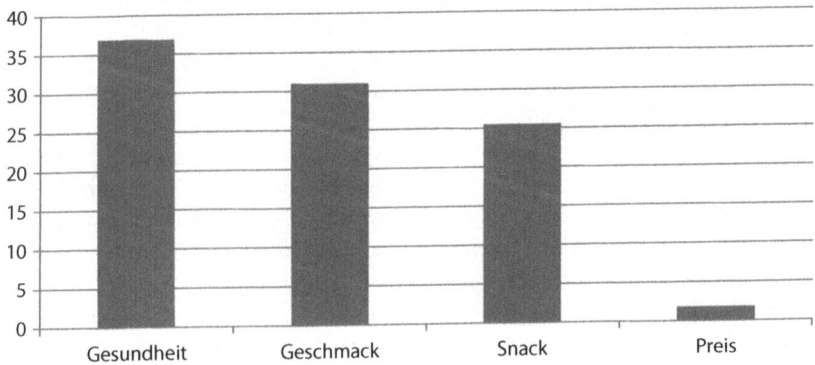

Abb. 6.2 Ergebnisse Omnibusbefragung gesamt

6.2 Analyse des Marktes

Aus Abb. 6.2 lässt sich schließen, dass die Befragten Müsliriegel hauptsächlich aus Gründen der Gesundheit konsumieren und den Müsliriegel weiterhin aufgrund seines Snack-Charakters anderen Lebensmitteln gegenüber präferieren. Hier verdeutlicht sich eine Option, die für das Marketing sowie die Produktentwicklung ebenso entscheidend ist. Die Zutaten und deren Platzierung versprechen auf den ersten Blick zwar eine gesunde Wahl, doch stehen Ernährungswissenschaftler den Snacks für Zwischendurch eher kritisch gegenüber. Die Omnibusbefragung sowie weitere Analysen zeigen entsprechend, dass Müsliriegel aufgrund ihres Zucker- und Kaloriengehalts eher in die Kategorie Süßigkeiten fallen.

Für die Nibbles-Datenanalyse wurden fiktive Marktanalysen erstellt. In diesen sind Informationen zu den Müsliriegelherstellern und Einzelhändlern von 2007-2011 enthalten, darunter die Absätze, Umsätze sowie die Marktanteile der Firmen[2]. Abb. 6.3 zeigt, dass sich der Gesamtumsatz des Müsliriegelmarktes von 42.141,5 € auf 39.476,8 € reduziert hat. Der signifikante Umsatzrückgang beträgt damit 6,3 % und erreichte 2010 seinen Tiefpunkt mit einem anschließendem Umsatzzuwachs 2011.

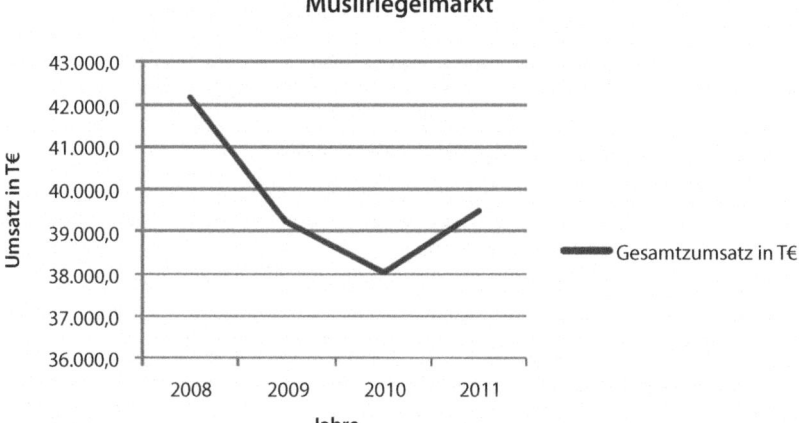

Abb. 6.3 Entwicklung des Gesamtumsatzes im Müsliriegelmarkt

---

[2]Die Daten zur Analyse des Müsliriegel- und Fruchtschnittenmarktes sind der Nielsen Company entnommen. Weiterer Bezug hierzu finden sich in den Abb. 9.5, Abb. 9.6 und Abb. 9.7.

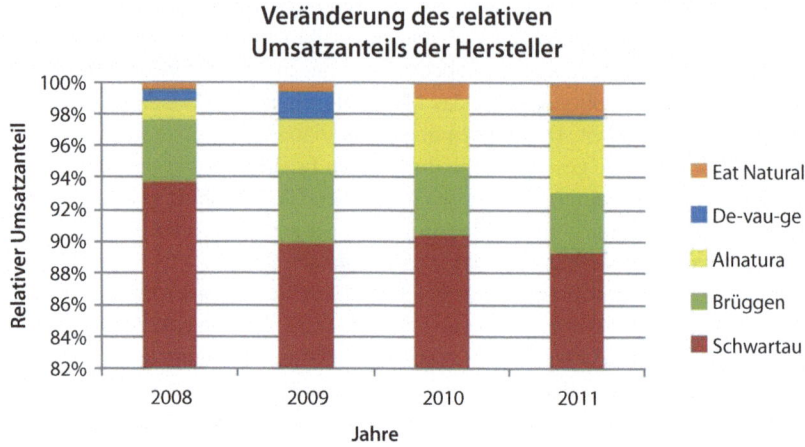

Abb. 6.4 Umsatzanteile der Hersteller

Von dem Rückgang der Umsatzzahlen wurden die Hersteller im unterschiedlichen Maß getroffen, siehe Abb. 6.4. In dieser Abbildung zeigen sich die Umsatzanteile der fünf größten Marktwettbewerber im Müsliriegelmarkt. Der Marktführer Schwartau Corny verzeichnete den relativ größten Marktanteilsverlust, während Marken wie Alnatura und Eat Natural ihren relativen Marktanteil erhöhen konnten. Dennoch ist zu beobachten, dass Schwartau mit 89,3 % der Umsatzanteile in 2011 immer noch die marktdominierende Stellung einnimmt.

Die Analyse des Marktes macht deutlich, dass Innovationen im Müsliriegelmarkt notwendig sind, um einerseits den Kunden auf die Produktpalette aufmerksam zu machen, die rückgängigen Verkaufszahlen der vergangenen Jahre zu stoppen und den Marktanteil neben dem marktdominierenden Hersteller Schwartau auszubauen. Hierzu sollen innovative Ideen zu einer Produkteinführung leiten, welche diese Markttrends berücksichtigt. Im Folgenden werden Werkzeuge für eine solche Produkteinführung vorgestellt, die angewandt an den Fall Nibbles zu einer effizienten und innovativen Produktpalette führen.

6.3 Produkteinführung – eine Einleitung

In jeder Branche gilt für die Einführung neuer Produkte: Das Unternehmen muss sich durch ein differenziertes Angebot von seinen Mitbewerbern absetzen und dieses kontinuierlich verändern und vergrößern. Neue Produkte müssen ihre

6.3 Produkteinführung – eine Einleitung

Entstehungskosten refinanzieren und selbstverständlich profitabel sein. Wer dies beherrscht, kann sich im Kampf um Marktanteile und Profitabilität behaupten! Den Markt schnellstmöglich und effizient zu verändern und die Marktführung zu übernehmen, ist das gesteckte Ziel. Doch wie soll das funktionieren?

In der Praxis gibt es in mehreren Bereichen entscheidende, marktbestimmende Erfolgsfaktoren. Zu dem Bereich der Produkteinführung gehören:

- Produktqualität und -nutzen
- Service
- Produktlebenszyklus
- Preis und Image

Diese beispielhaften marktbestimmenden Erfolgsfaktoren werden von Branche, Markt und Kunden gefordert. Sie können aus unternehmerischer Sicht sowohl Schwächen als auch Stärken darstellen und werden zur Abklärung auf die Kernkompetenzen des Unternehmens hin geprüft.

Für eine erfolgreiche Produkteinführung müssen mehrere Komponenten beachtet werden.

Eine zündende **Innovations- oder Produktidee** muss dem Konsumenten gefallen und den Markt bereichern. Das bedeutet, dass der objektive oder subjektive Nutzen des Produkts von der Zielgruppe auf Anhieb akzeptiert werden muss. Die Strategie des Unternehmen Nibbles muss dabei auf die Ergebnisse der Omnibusbefragung sowie anderer Konsumentenanalysen Bezug nehmen, um ein konsumentenorientiertes Produkt zu entwickeln. Bahnbrechende Ideen müssen, wenn sie erfolgreich sein sollen:

- zum Unternehmen,
- zu seinen Stärken,
- seinem Image,
- seinen Märkten
- und zur Unternehmensstrategie

passen. Innovationen müssen heute ein hohes Alleinstellungsmerkmal (unique selling proposition- USP) und einen hohen Neuigkeitsgrad vereinen, um den Konsumenten anzusprechen und profitabel zu sein. Dieses besteht aus der gleichzeitigen Berücksichtigung der Faktoren Kundenwunsch, der eigenen Produktpalette sowie die der Unternehmenswettbewerber. Dabei bringt auch der Neuigkeitsgrad eines Produktes Vor- und Nachteile mit sich: Hohe Neuigkeitsgrade realisieren stärkere Wettbewerbsvorteile, sind aber auch mit sehr viel höheren finanziellen

Risiken verbunden. Geringere Neuigkeitsgrade, in Form von Variation und Modifikation beispielsweise der Verpackung, bringen dagegen ein geringeres Risiko mit sich (vgl. Matys 2013, S. 49).

Die Abb. 6.6 dient der Anwendung der eigenen Untersuchung und Ideenentwicklung auf Basis der in Abb. 6.5 festgelegten Innovationsgrade.

Um eine eigene Produkteinführung nachzuvollziehen, sollen die Abbildungen Abb. 6.5 und Abb. 6.6 in der Praxis getestet und angewandt werden. Der Innovationsprozess lässt sich dabei in drei Bereiche aufteilen. Zuerst wird es darum gehen, die internen Rahmenbedingungen anzupassen oder zu schaffen, welche für die Realisierung von Innovationen und neuen Produkten erfolgversprechend sind. Im zweiten Schritt werden die Einsatzmöglichkeiten der Techniken bzw. Stufen der Innovationsprozessdurchführung, die für die Entscheidungsbildung notwendig sind, diskutiert. Der dritte Bereich ist durch die externen Nutzungsmöglichkeiten gekennzeichnet, die vom Unternehmen im Innovationsprozess bedacht werden müssen.

Dies kann beispielsweise durch eine Ist-Analyse hinsichtlich des Marktes (zur Untersuchung des Wettbewerbs), des Unternehmens (Stärken und Schwächen) und

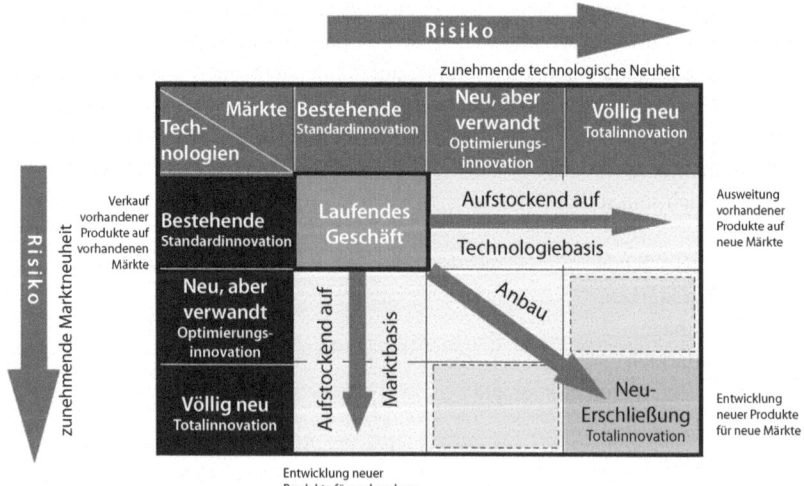

Abb. 6.5 Matrix für die Abtragung von Innovationsgraden

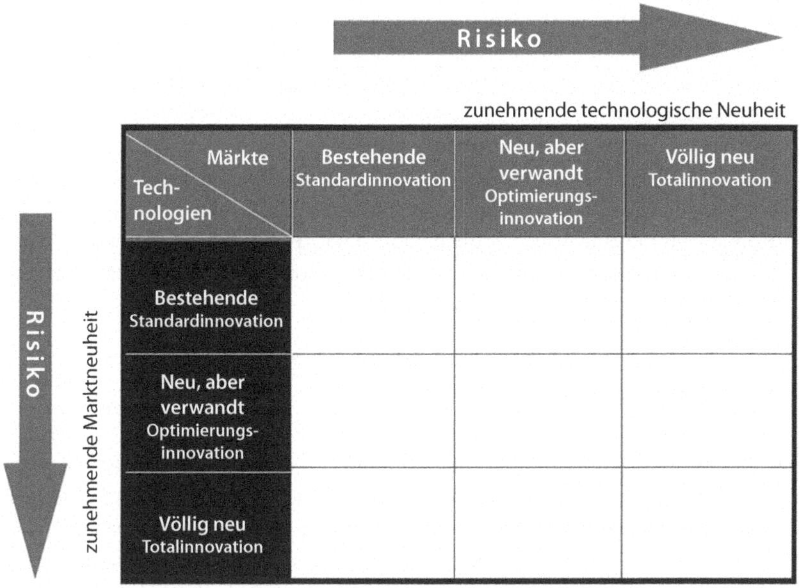

6.3 Produkteinführung – eine Einleitung

Technologien \ Märkte	Bestehende Standardinnovation	Neu, aber verwandt Optimierungsinnovation	Völlig neu Totalinnovation
Bestehende Standardinnovation			
Neu, aber verwandt Optimierungsinnovation			
Völlig neu Totalinnovation			

Risiko → zunehmende technologische Neuheit

Risiko ↓ zunehmende Marktneuheit

Abb. 6.6 Arbeits-Matrix für die Abtragung von Innovationsgraden

der Umwelt (Chancen und Risiken) geschehen und Ziele für Innovationsaktivitäten spezifizieren. Die aufgenommenen Daten und Fakten aus dieser Analyse verdichten sich in einer SWOT-Analyse (vgl. Großklaus 2013, S. 23).

Die Bearbeitenden sollen folgende Hinweise beim systematischen Prozess für Neuprodukte beachten:

- Analysieren Sie Trends, Marktpotenziale und Zukunftschancen des Unternehmens Nibbles und reagieren Sie marktkonform.
- Planen und entwickeln Sie eine auf die Markt- und Unternehmenssituation abgestimmtes Produktpalette.
- Setzen Sie Kreativitätstechniken zur Produktideenfindung ein.
- Wenden Sie Selektions- und Bewertungsverfahren hinsichtlich der Produktideenauswahl an und nehmen Sie Bezug auf die bereits vorgestellten Kundenbefragungen (vgl. Pepels 2009, S. 65).

Darüber hinaus können Kundenpotenziale durch die Einbindung von Kunden in die Produktentwicklung ausgeschöpft werden. Um die Kundenkompetenz nutzen zu können, sollten die Bearbeitenden folgende Überlegungen anstellen:

- Wer sind unsere Kunden?
- Was sind wesentliche Strategien, Kunden in die Entwicklung einzubinden und wie können beide Seiten bestmöglich von der Zusammenarbeit profitieren?
- Können wir die gemeinsam erarbeitete Lösung zu einem vernünftigen Preis und Service anbieten? Hierbei sollen die Bearbeitenden das Preissegment abschätzen und das Produkt entsprechend einordnen.

6.4 SWOT-Analyse

Die Zukunftsperspektiven des neuen Produktes ermitteln die Bearbeitenden mittels der Szenario- und Delphi-Verfahren. Die vier Buchstaben SWOT stehen für: Strenghts (Stärken), Weaknesses (Schwächen), Opportunities (Chancen) und Threats (Gefahren). Der Sinn einer SWOT-Analyse ist es, die Leistungs- und Risikoelemente zu finden, um sie im Wettbewerb gezielt zum Vorteil einzusetzen.

Die SWOT-Analyse ist ein zentrales Instrument zur Strategienbildung, indem eine Kombination aus Stärken/Schwächen und Chancen/Risiken gebildet wird. Ziel der SWOT-Analyse ist es, herauszufinden, ob und inwieweit die Vorhaben des Unternehmens und des Produkts in Hinblick auf seine Strategie bei den unternehmensspezifischen Stärken und Schwächen geeignet sind, um auf die Veränderung des Marktes, also den externen Unternehmenseinflüssen, reagieren zu können. Sie verdichtet die Analyseergebnisse aus den fünf Bereichen der (1) Identifikation kritischer Erfolgsfaktoren, (2) der Unternehmens- und (3) Marktanalyse sowie der (4) Umfeldanalyse und den (5) Trends (siehe Abb. 6.7).

Die Stärken und Schwächen beziehen sich auf das Unternehmen selbst, während sich die Chancen und Risiken auf den Markt des Unternehmens beziehen, siehe Abb. 6.8. Für das Unternehmen ist es daher notwendig, dass es die Stärken nutzt, um die Chancen im Markt wahrzunehmen bzw. die Risiken zu umgehen (vgl. Kaschny et al. 2015, S. 200).

Eine SWOT- Analyse dient der strategischen Entscheidungsfindung. Eine kritische und zukunftsorientierte Analyse deckt Stärken und Schwächen sowie Chancen und Risiken des Unternehmens auf. Hierzu muss sowohl eine interne Analyse in Form einer Unternehmensanalyse als auch eine externe in Form einer Umweltanalyse angestellt werden. Die interne Analyse beschäftigt sich mit den Stärken und Schwächen, Ressourcenpotenzialen und Kompetenzen eines Unternehmens. Die externe Analyse fokussiert dagegen die Umwelt, in der das Unternehmen tätig ist

6.4 SWOT-Analyse

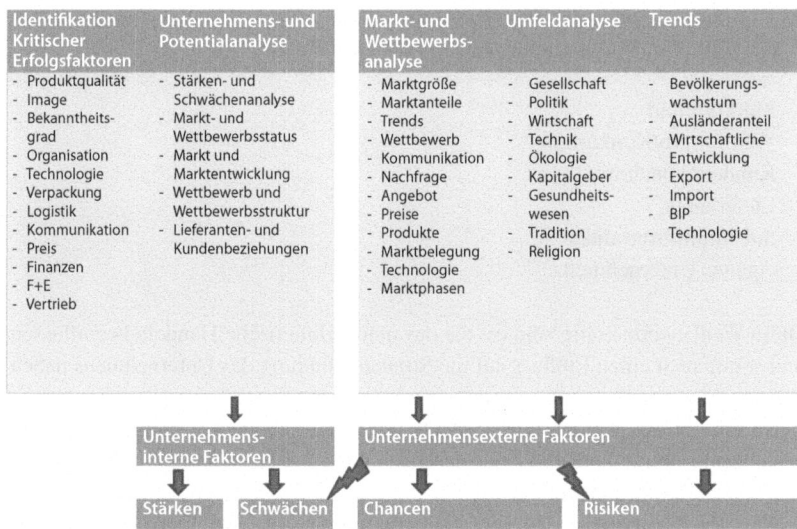

Abb. 6.7 Verdichtung der SWOT-Analyse

	Chancen (Opportunities)	Risiken (Threats)
Stärken (Strenghts)	1. Stärken-und Chancen-Strategien - Wahrnehmung der Chancen unter Einsatz der Stärken - Expansion/ Investitionen - Nutzung von Trends durch vorhandene Ressourcen	2. Stärken-und Risiken-Strategien - Stärken ausnutzen, um Umweltrisiken auszugleichen oder zu lindern - Nutzen von Beziehungen, um Umweltbedingungen zu beeinflussen
Schwächen (Weaknesses)	3. Schwächen-und Chancen-Strategien - Abbau von Unternehmensschwächen, um Chancen zu nutzen - Service/ Produktqualität ausbauen, um Wettbewerbsvorteil zu erlangen	4. Schwächen-und Risiken-Strategien - Schwächen abbauen, um Risiko zu reduzieren - Desinvestitionsstrategien

Abb. 6.8 SWOT-Analyse

oder tätig werden möchte. In der Praxis werden in der Unternehmensumwelt folgende Wettbewerbskräfte untersucht (vgl. Großklaus 2013, S. 37):

- Marktumfeld
- Wettbewerb/Konkurrenz
- Kunden/Abnehmer
- Lieferanten
- Substitutionsprodukte
- eigenes Unternehmen.

Diese Wettbewerbskräfte sind es, die das unternehmerische Handeln beeinflussen und somit auch einen Einfluss auf die Strategienfindung des Unternehmens haben müssen.

Darüber hinaus werden interne Ressourcen und Fähigkeiten ermittelt und dargestellt, um optimal auf die Anforderungen der Umwelt und des Marktes an das Unternehmen umzugehen.

Aus der Kombination der fünf Bereiche ergibt sich eine Vier-Felder-Matrix. Diesen vier Feldern können dann Faktoren zugeordnet werden (siehe Abb. 6.8). Die Unternehmenschancen kombiniert mit den Umfeldchancen (1.) identifizieren die aufgefundenen Marktchancen mit den entsprechenden Unternehmensstärken, sodass entsprechende Faktoren geeignet sind, vertieft und genutzt zu werden, um das Unternehmen positiv zu platzieren. Die Unternehmensstärken zusammen mit den Umfeldrisiken (2.) weisen darauf hin, dass die vorgefundenen Marktrisiken durch die entsprechenden Unternehmensstärken kompensiert werden sollten. Damit gleichen die Stärken des Unternehmens Umfeldrisiken aus. Die Unternehmensschwächen in Zusammenhang mit den Umfeldchancen (3.) machen deutlich, dass die Marktchancen aufgrund von Unternehmensschwächen nicht nutzbar sind und damit umgangen werden sollten. Lediglich die interne Reaktion auf Schwächen kann eine entsprechende positive Veränderung heribeiführen. Die Unternehmensschwächen bei den Umfeldrisiken (4.) deuten darauf hin, dass die Marktrisiken durch die Unternehmensschwächen verstärkt werden. Die Bearbeitenden sollten nicht mehr als fünf bis sechs Stärken und Schwächen sowie Chancen und Risiken heraussuchen. Ziele der SWOT-Analyse sind Dabei

- Machtchancen aufzuspüren, in denen es sich lohnt, zu investieren,
- Innovationen aufzuspüren, mit denen die Stärken und Kompetenzen des Unternehmens ausgebaut werden können,
- Prioritäten für Ziele zu setzen,
- Kundenwünsche optimal zu integrieren,
- Die Profilierung im richtigen Marktsegment,

6.4 SWOT-Analyse

- Eine Strategische, taktische und operative Planung,
- Sowie die Ableitung situationsbezogener Ziele, Strategien, Maßnahmen und Budgets.

Aus der SWOT-Analyse können die Bearbeitenden den Innovationsbedarf bzw. die Innovationsoptionen insbesondere im Hinblick auf das Unternehmen Nibbles ableiten, die ständiger Überprüfung bedürfen. Dafür eignet sich ein Blick auf das **Produktportfolio** des Unternehmens (siehe Abb. 9.2): Denn nicht allein der Markt, der entsprechende Wettbewerbsdruck, die Kunden wünsche sowie das Umfeld eines Unternehmens beeinflussen dessen Innovationstätigkeit. Auch die Signale aus dem Produktportfolio und der Blick auf die langfristig strategische Unternehmensplanung tragen dazu bei.

Die begrenzte Lebensdauer der schon im Markt vorhandenen Produkte ist ein wesentlicher Grund für die ständige Entwicklung, Produktanpassung und Einführung von Innovationen. Märkte und Kundenwünsche ändern sich immer schneller, Technologien wandeln sich und der Wettbewerb wird durch neue Anbieter härter. Durch eine Portfolio- und Produktlebenszyklusanalyse wird der Innovationsbedarf für das Unternehmen ermittelt. Ein Vergleich zwischen der Ist- und Soll-Produktpalette und die daraus offengelegten Potenziale bilden die Basis für die Suche nach Innovationsideen.

Der nächste Schritt ist die **Ideenentwicklung**. Dafür können die Bearbeitenden sowohl externe als auch interne Quellen heranziehen. Sie finden im Kapitel „Zusätzliche Literatur" zur Verfügung gestellte Analysen sowie weitere Informationen zum Unternehmen und dem Markt. Anschließend bewerten Sie kritisch ihre eigene Produktpalette sowie besprechen sich in der Gruppe und reduzieren diese auf diejenigen, die erfolgreich erscheinen. Parallel dazu prüfen die Lernenden die Ideen zum einen auf technisch-wirtschaftliche Machbarkeit (Machbarkeitsstudie oder Feasibility-Studie) und zum anderen auf die Akzeptanz bei der anvisierten Zielgruppe. In der darauf folgenden strategischen Entwicklung schreiben die Bearbeitenden die Marketingstrategie, den Zeitrahmen und das anvisierte Preissegment fest. Auf der Marketingseite konzipieren Sie die Positionierungsstrategie, die festlegt, wie die anvisierte Zielgruppe die Innovation in Relation zu den Wettbewerbsprodukten wahrnehmen und wie entsprechende Marketingstrategien ein Produktimage generieren können.

Die Positionierung bedeutet für die Zielgruppe Orientierung. Für die Orientierung brauchen die Zielgruppen Produktfaktoren, die ihnen sowohl funktionale (Preis, Design, Form usw.) als auch emotionale Produktwerte (Gesundheit, Fitness, Tradition, Wohlgefühl usw.) vermitteln sollen. Diese funktionalen und insbesondere die emotionalen Produktwerte prägen sich die Kunden ein und kreieren ein Produkt- und optimalerweise ein Markenimage. Damit werden gewisse Werte mit

Unternehmensziele

- Unternehmenssicherung
- Marktabsicherung und Marktanteilserhöhung
- Gewinnoptimierung vor Umsatzoptimierung

Unternehmensstrategie

- Einführung neuer Technologie- Verfahren
- Investition in die Produktpalette
- Investitionen in Kommunikation

Top Marketingziele

- Sortimentsausweitung und -optimierung
- Bekanntheitsgrad steigern

Marketing- Ziele

- Leitmarketingstrategie (Offensivstrategie)
- Positionierungsstrategie

Strategien des Marketing

Produktstrategie

Preisstrategie
Werbestrategie

Verkaufsförderungsstrategie
PR- Strategie
Vertriebsstrategie
Servicestrategie

Instrumentenstrategien und Wirkung auf die Maßnahmenplanung

↑ Produkt standardisieren, Qualitätsmerkmale schaffen, Verpackung modifizieren
↑↑ Preis anheben, Preis- Nutzen- Verhältnis herausstellen
↑↑ Bekanntheitsgrad steigern, Image verbessern, TV- Spots oder Social Media, Produktfunktion vermarkten
↑↑↑↑ Produkt vor Ort präsentieren, Zusatznutzen aufzeigen, Gewinnspiele durchführen
Pressemitteilung in zielgruppenrelevanten Medien
Kommunikation und Absprache mit Großkunden
↑ Hotline einrichten, Service vor Ort sicherstellen

	Was?	Wo?	Wie?	Wie viel?	Wie oft?	Kosten
Produkt						
Preis						
Werbung						
Verkaufsförderung						
PR						
Vertrieb						
Service						
Distribution						
Logistik						
Produktion						
F & E						

Abb. 6.9 Marketinginstrumente

dem Produkt gedanklich sofort verbunden. Die Positionierung ist somit für die Markteinführung einer Innovation ein strategisch wichtiger Bestandteil der Unternehmens- und Marketingstrategie. Sie nimmt wesentlichen Einfluss auf die marketingstrategischen Inhalte des Unternehmens, wie in Abb. 6.9 veranschaulicht wird. Die Bearbeitenden machen sich bitte mit der Abbildung und der dahinterstehenden Strategie vertraut und beziehen diese entsprechend in ihre Analyse ein.

6.5 Markt und Zielgruppe

Der Markt und seine Möglichkeiten wurden bereits untersucht und in einzelne Faktoren unterteilt. Auf dieser Basis wählen die Bearbeitenden die für sie erfolgversprechendsten und damit gewinnbringendsten Marktpotenziale aus und finden so ihre Zielgruppe(n). Der erste Schritt besteht darin, herauszufinden, wer für den Erwerb des Produktes überhaupt anvisiert werden soll und welche Kunden für eine neue Produktstrategie infrage kommen. Diese Menge bildet den Markt des Produktes und damit die Summe aller tatsächlichen und potenziellen Käufer des Produkts. Der Markt für das Produkt lässt sich in einzelne Segmente also einen Teil des Marktes unterteilen, dessen Mitglieder ein bestimmtes Merkmal gemeinsam haben, so beispielsweise ein gewisses Vertriebsgebiet oder den Verwendungszweck des Produktes. Folgende Segmentierungskriterien sind denkbar:

- Geografisch (Gebiet, Bevölkerungsdichte)
- Demografisch (Alter, Geschlecht, Einkommen, Beruf)
- Psychografisch (soziale Schicht, Persönlichkeit, Lebensstil)
- Verhaltensorientiert (Branche, Unternehmensgröße, Verbrauch des Produkts, Verwenderstatus) (vgl. Cooper 2010, S. 119).

Diese Gemeinsamkeit bewirkt, dass die Mitglieder eines Segments auf das Angebot ähnlich reagieren werden. Hierbei sind drei verschiedene Abdeckungsstrategien denkbar, nach denen die Bearbeitenden entscheiden, wie sie den Markt aufstellen möchten: Eine undifferenzierte Marktbearbeitung bedeutet, dass alle Segmente betrachtet und die Zielgruppen entsprechend breit gefasst werden. Eine differenzierte Marktbearbeitung fokussiert zwar mehrere Segmente, allerdings sprechen die Bearbeitenden die einzelnen Bereiche aufgrund ihrer Unterschiede verschieden an und versorgen sie mit variierenden Ausführungen des Produkts. Die Konzentrierte Marktbearbeitung schränkt die Bearbeitung auf jenes Segment ein, indem die Bearbeitenden die besten Erfolgschancen sehen. In Abb. 6.10 finden Sie einen Merkkasten zum Herausstellen der Zielgruppe.

> **Zielgruppenauswahl**
>
> Ihre Zielgruppen sind jene Personengruppen, an die Sie sich aktiv mit Ihren Marketingmaßnahmen wenden. Häufig werden Sie vor der Aufgabe stehen, aus einer Reihe von möglichen Zielgruppen die für Sie erfolgversprechendsten auszuwählen. Der Erfolg eines Segments wird von einer Reihe von Faktoren bestimmt. Die wichtigsten sind:
>
> - Größe: Wie groß ist die Anzahl der potenziellen Käufer in diesem Segment?
>
> - Erreichbarkeit: Wie leicht sind die Angehörigen des Segments für Sie erreichbar? Gibt es Kommunikations- und Vertriebskanäle, auf die Sie zurückgreifen können?
>
> - Wettbewerb: Wie stark ist die Präsenz Ihrer Mitbewerber in diesem Segment? Wie hoch sind die jeweiligen Marktanteile?
>
> - Kaufbereitschaft: Wie würde das Produkt von den Mitgliedern des Segments angenommen werden? Bietet es für Sie hohen Nutzen und schnelle Vorteile?
>
> - Wirtschaftliche Situation: Wie ist die wirtschaftliche Situation und damit die Investitionsbereitschaft der Mitglieder des Segments?
>
> - Abnehmerbindungen: Haben Sie bestehende Kundenbeziehungen in dem Segment, die Ihnen seine Erschließung mit einem neuen Produkt erleichtern würden?
>
> - Strategische Bedeutung: Ist das Segment für die Erschließung anderer, wichtiger Segmente von strategischer Bedeutung?

Abb. 6.10 Zielgruppenauswahl

6.6 Die Marketingstrategie

Um ein neues Produkt zu entwickeln, muss dieses zum Portfolio des Unternehmens passen und eine sinnvolle Ergänzung des Sortiments darstellen. Bisher haben die Bearbeitenden die Chancen und Stärken für das gesamte Unternehmen analysiert, darauf aufbauend den Markt für das gewünschte Produktfeld untersucht und für eine erfolgreiche Produkvermarktung anschließend Zielgruppen definiert, für die eine spezielle Marketingstrategie erarbeitet wird.

Wenn also Marktmöglichkeiten durch die SWOT-Analyse herausgefunden und ein Produkt entsprechend dieser Marktlücken erstellt wurde, wird von Leistungserstellung gesprochen. Anschließend muss das innovative Produkt vermarktet werden, was durch die Leistungsverwertung – das Marketing – geschieht, sodass eine Leistungsverwertung an die Leistungserstellung anschließt. Die Leistungsverwertung, die Marketing und Vertrieb beinhaltet, geht jedoch über die Funktion des Verkaufes hinaus, sondern kreiert den Wiedererkennungswert und das Markenimage, das bereits besprochen wurde.

Einen funktionierenden Marketingplan, bestehend aus einem passenden Marketing-Mix und die Produktentwicklung benötigen Zeit bei der Konzeption, Abstimmung und Umsetzung (vgl. Bruhn 2010, S. 33). Darüber hinaus muss ein Unternehmen alle betrieblichen Funktionen, wie Beschaffung, Produktion, Vertrieb, Verwaltung sowie Forschung und Entwicklung an den Anforderungen aktueller und potenzieller Märkte ausrichten. Das Ziel ist dabei, möglichst dauerhaft einen Wettbewerbsvorteil zu realisieren. Der Erfolg eines Unternehmens resultiert aus den Chancen, die ein Markt bietet, und den Fähigkeiten des Unternehmens, diese Chance auszunutzen.

Aus der Betrachtung von Unternehmen und Umwelt ergeben sich Ansatzpunkte für eine Definition der Erfolgschancen eines Unternehmens, die auch im Marketing eine wesentliche Rolle spielen (siehe Abb. 6.11). Die Situationsanalyse eines Unternehmens untersucht für ein Unternehmen zunächst seine strategischen Erfolgsoptionen, wie das Produktprogramm, Personal, Technologie, Forschung und Entwicklung sowie die Finanzsituation des Unternehmens. Die Voraussetzungen des Unternehmens werden in Bezug auf die Anforderungen des Marktes gemessen und diese sich aus den Rahmenbedingungen des Unternehmens, wie beispielsweise aus der Analyse des Branchenumfeldes, sowie der ökonomischen, rechtlich-politischen, sozio-kulturellen und technologischen Umwelt. Dadurch entsteht eine Gefahren- und Chancenanalyse der SWOT-Analyse. Anschließend an die Analyse der Erfolgspotenziale und Erfolgspositionen wird ein Marketing verfolgt.

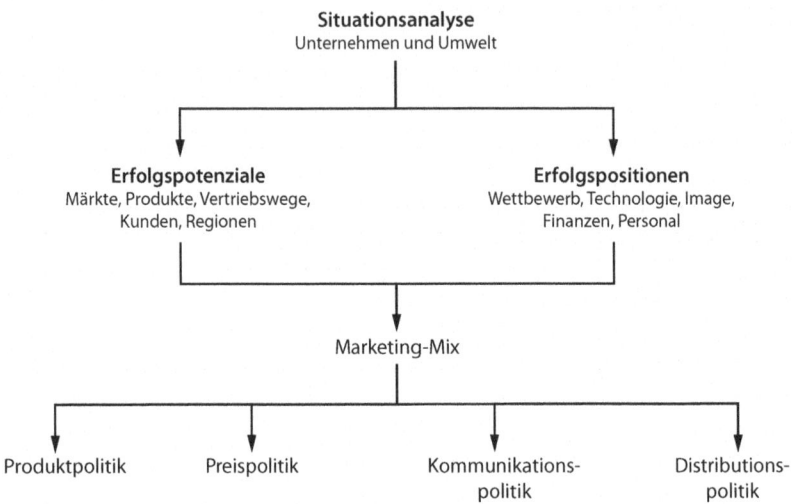

Abb. 6.11 Situationsanalyse

Die Ziele des Marketings, zu denen eine Erhöhung der Marktanteile, Umsatzziele und die Marktanteilsverschiebung gehören, werden durch die Anwendung des absatzpolitischen Instrumentariums erreicht.

Das Ziel der operativen Marketing-Planung ist es, die Marketinginstrumente der Strategie entsprechend optimal anzuwenden und zu integrieren. Die klassische Marketinglehre unterscheidet vier zentrale Aufgaben: Produktgestaltung, Preisgestaltung, Platzierung/Distribution und Promotion. Ein gelungenes Marketing beinhaltet damit ein optimales Zusammenspiel der Instrumente **Produkt-, Preis-, Distributions- und Kommunikationspolitik.**

Die zentrale Aufgabe des Produktinnovationen im Allgemeinen und des unterstützenden Marketings im Besonderen sind die Konkretisierung und Ausrichtung sowie Durchführung von Wettbewerbsvorteilen neuer Produktangebote und die konsequente Ausrichtung absatzpolitischer Maßnahmen am Kundenwunsch. Das Innovationsmarketing beinhaltet als Teilmaßnahme des Innovationsmanagements alle absatzorientierten Aufgaben von SWOT-Analyse bis hin zur Gestaltung des Marketing-Mix neuer Produkte und letztendlich der Produkteinführung (vgl. Helm 2011, S. 77).

Bei Innovationen mit einem geringen Neuigkeitsgrad sowie Anpassungen der Produktpalette können bereits etablierte Konzepte einer Produktserie und die vorhandenen Marktforschungsdaten der SWOT-Analyse genutzt werden, das

6.6 Die Marketingstrategie

Marketingkonzept zu erstellen oder anzupassen, da die Wünsche und Anforderungen der Zielgruppe sowie die Möglichkeiten und Effizienz einzelner Vertriebskanäle bekannt sind und die Preisgestaltung durch das Bestimmen der Marktposition der verwandten Produkte abgeleitet werden kann. Damit stellt die bestehende Kundenbasis eine wertvolle Informationsquelle für neue Leistungsangebote dar, die darüber hinaus von ihr getestet und bewertet werden können (siehe dazu auch Abschn. 4.3).

Eine besondere Herausforderung liegt vor, wenn die Produkteinführung einen bisher neuen Markt ansprechen soll, der über die bestehenden Muster der Kunden-Unternehmens-Beziehung hinausgeht. In diesem Fall kann die Verwendung der Analyse aktueller Kunden zu irreführenden Ergebnissen führen. Liegen keine Marktanalysen für die angestrebten relevanten Märkte sowie insbesondere über Kunden- und Kaufeigenschaften vor, müssen diese, erst entwickelt und Methoden zur Kontrolle und Bewertung einzelner produktpolitischer Gestaltungsparameter gefunden werden[3].

Das optimale Zusammenspiel der Instrumente der Produkt-, Preis-, Distributions- und Kommunikationspolitik als wesentliche Bestandteile des Produktmarketings führen demnach zu einer effizienten Darbietung des Produktes für den Kunden und den Markt. Durch eine gelungene Kombination ergeben sich Synergieeffekte, sodass ein gesetztes Ziel bestmöglich erreicht werden kann (vgl. Kaschny et al. 2015, S. 211).

Die Produktgestaltung steht für die Kombination von Ware und Service. Hier finden die Bearbeitenden ein weites Feld von Gestaltungsmöglichkeiten. Angefangen bei der Funktionalität des Produkts über seine Verpackung bis zu Dokumentation und Serviceleistungen, haben sie eine unendliche Vielfalt an Möglichkeiten, das Produkt zu designen. Die Kundenorientierung spielt bei der Erstellung und Vermarktung von Produktinnovationen eine große Rolle und steht in direkter Verbindung zum Produktmix. Anhand der Maßnahmen der Produktpolitik können die Bedürfnisse und spezifischen Anforderungen der Zielgruppe an neue Produkte identifiziert und Innovationen erfolgreich im Markt eingeführt werden.

Die Preisgestaltung beinhaltet aber nicht nur den Geldbetrag, der von den Käufern zu entrichten ist. Es spielen auch alle mit dem Preis in Zusammenhang stehenden Vereinbarungen, Zahlungsbedingungen, die Preisbereitschaft der Kunden, Konditionen, Rabatte und daran geknüpfte Bedingungen eine ebenso große Rolle wie der Verbraucherpreis und können die Kaufbereitschaft steigern (vgl. Kaschny et al. 2015, S. 213).

---

[3]Dies soll im Folgenden keine weitere Erläuterung finden, da Informationen im Fall Nibbles vorliegen. Zur weiteren Information wird die Lektüre Kaschny et al. 2015 empfohlen.

Bei der Einführung neuer Produkte ist die Preissetzung erfolgsentscheidend. Der Preis eines Produktes wirkt sich wesentlich auf die Entwicklung des Absatzes, des Umsatzes, des Gewinns und die Positionierung im Markt aus. Im Fokus jedes Unternehmens sollte dabei die Frage stehen, welche preispolitischen Entscheidungen essenziell sind, um das Produkt erfolgreich auf dem Markt zu etablieren und einen maximalen Absatz zu erzielen. Darunter fallen unter anderem die Preisober- und untergrenze, die Marktkonformität, Gewinnmaximierung, Preiselastizität und Zahlungsbereitschaft der Kunden.

Die Produktplatzierung oder Distribution benennt alle Aktivitäten, die das Produkt der anvisierten Zielgruppe verfügbar machen. Dazu gehören auch die Auswahl, Betreuung und Kommunikation mit dem Vertrieb und den Handelspartnern. Nicht zuletzt spielen alle Fragen der physischen Distribution in die Kategorie des Produkt-Placements. Für die Gewährleistung einer schnellen Verbreitung des Produktes ist die Wahl des geeigneten Distributionskanals unabdingbar, die sich auch auf zahlreiche Maßnahmen auswirkt. Dies reicht von der Kommunikationspolitik über die Organisation des Vertriebes bis zum Geschäftsmodell. Die Tiefe des Distributionssystems umfasst direkte (das Unternehmen verkauft die Ware direkt an die Endabnehmer) und indirekte Distributionswege (indirekten Vertrieb hingegen erfolgt der Vertrieb über rechtlich selbstständige Mittler wie Groß- und Einzelhändler).

Die Promotion steht für die Absatzförderung des Produkts. Das sind alle Aktivitäten, mit denen die Bearbeitenden die Vorteile ihres Produkts bei ihrer Zielgruppe bekannt machen, wie Werbung, PR, Verkaufsförderung und der persönliche Verkauf. Die reine Entwicklung eines neuen Produktes und die Auswahl geeigneter Absatzkanäle genügen nicht, um ein Produkt erfolgreich am Markt zu platzieren. Mögliche Abnehmer benötigen Informationen über Innovationen des Produktes, Inhaltsstoffe, den Erwerbsort und Konditionen. Kommunikationspolitik bezieht sich auf die Entscheidungen für den Einsatz geeigneter produktpolitischer Instrumente und Maßnahmen, die auf Einstellungen und Kaufverhalten des Kunden gegenüber dem Produkt und dem Unternehmen und seinen Leistungen einwirken. In dieser Definition wird betont, in welchem Ausmaß Unternehmen die Bedürfnisse ihrer Umwelt in ihre Kommunikationspolitik einfließen lassen müssen, um Zufriedenheit mit dem Unternehmen selbst und seinen Produkten herbeizuführen (vgl. Kaschny et al. 2015, S. 215).

Im Modell des Produktmarketing-Mix sind die vier Parameter zusammengefasst, welche die Bearbeitenden als Produktmanager beeinflussen können. Diese vier Parameter sind das Produkt (Product), sein Preis (Price), seine Absatzwege (Place) und seine Absatzförderung (Promotion). Die „4 Ps" sorgen für Kohärenz des Produktauftritts und vereinen damit die einzelnen Strategien, die bisher erarbeitet wurden. Die Eingliederung in sein Umfeld wird den Bearbeitenden in Abb. 6.12 dargestellt.

6.6 Die Marketingstrategie

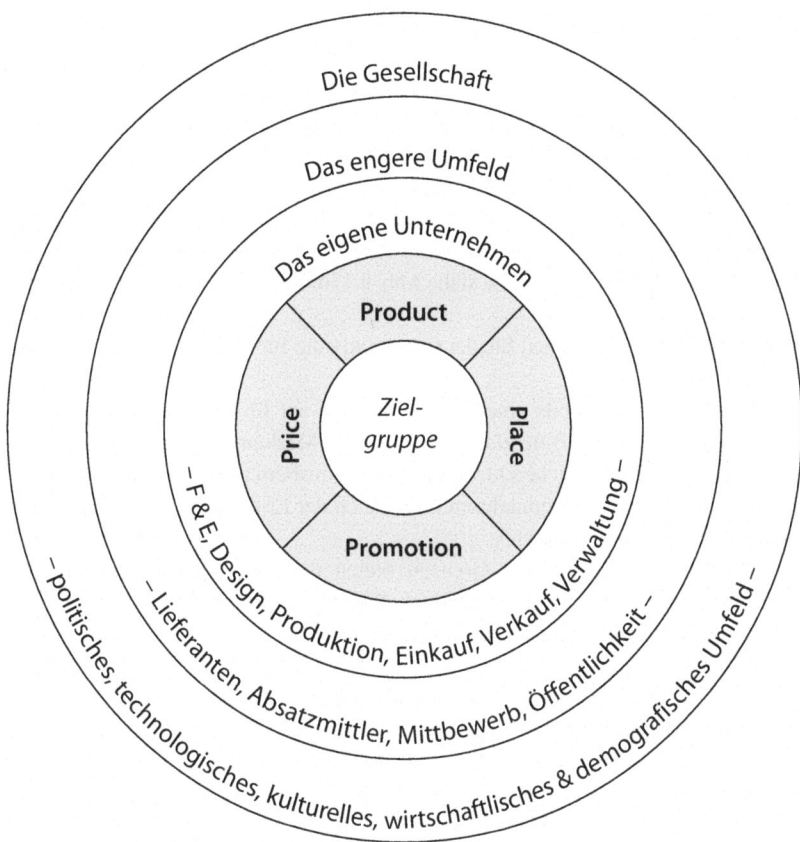

Abb. 6.12 Modell des Produktmarketing-Mixes

Die Abb. 6.12 stellt ein Modell des Produktmarketing-Mix dar. Sie können die vier dargestellten Komponenten des Marketings wesentlich beeinflussen, während externe Faktoren schwieriger oder kaum zu gestalten sind. Die drei Ebenen des Modells stellen die drei wesentlichen Einflüsse auf Ihr Marketing dar, die Sie in der folgenden Bearbeitung und Betrachtung des Falles wiederaufgreifen und analysieren sollten. Darüber hinaus zeigen die verschiedenen Marketingoptionen die Möglichkeiten im Vertrieb auf, die sich beispielsweise in Design der Verpackung, in der Produktion und in der Wahl der Distributionswege äußern (vgl. Helm 2011, S. 80).

6.7 Anwendung des Erlernten

Sie haben bereits über den Fall und die Methode zur Bearbeitung einer Produkteinführung gelesen und sich vertraut gemacht. Im Folgenden soll das bisher Erlernte angewandt werden, um Einhalt in der Praxis zu bekommen.

Aufgabe 1: Es wird Ihre Aufgabe sein, ein Sortiment im Bereich „Müsli- und Cerealienriegel" zu entwickeln, welches den Vorstellungen und Strategien des Unternehmens Nibbles entspricht, siehe Abb. 9.1 im Kap. 9 „Zusätzliche Literatur".

a. Welche Trends entnehmen Sie der Case Study die für eine Produktentwicklung relevant sein könnten?
b. Welche weiteren Trends erachten Sie als relevant für die Entwicklung Ihres Produktvorschlages? Bitte ziehen Sie aktuelle Marktanalysen zu Ihren Trendanalysen heran. Mögliche Quellen liefern Jahresberichte zu Konsumentenverhalten sowie Verbraucheranalysen im Bereich der Ernährung, insbesondere des Müsli- und Cerealienmarktes.
c. Welche Möglichkeiten und Grenzen bieten diese Trendentwicklungen den Unternehmen des Müsliriegelmarkts? Welche Vorteile hat der Marktführer gegenüber Nibbles und anderen Mitbewerbern?

Aufgabe 2: Entwickeln Sie Ihre Produktideen. Gehen Sie dabei bitte auf folgende Elemente des Marketing-Mixes ein:

1. Produktstrategie: a) Produktkonzept b) Einbindung in das Marken/- Produktportfolio der Nibbles oder die Etablierung einer neuen Marke? c) Sortimentsgestaltung
2. Preisstrategie
3. Kommunikationsstrategie
4. Distributionsstrategie

Hierzu finden Sie in Kap. 9 zusätzliche Literatur.

Aufgabe 3: Machen Sie sich in der zusätzlichen Literatur mit den Ergebnissen der Omnibusbefragung vertraut. Nennen Sie Auffälligkeiten, Potenziale und Ansatzpunkte, an denen sich eine Produkteinführung orientieren kann.

Aufgabe 4: Wenden Sie die Methode der SWOT-Analyse nach Abb. 6.13 auf den Fall Nibbles an. Tragen Sie alle Erkenntnisse der Stärken, Schwächen, Chancen und Risiken in die SWOT-Matrix ein. Sie verschaffen sich damit erst einmal

6.7 Anwendung des Erlernten

Stärken	Schwächen
Forcieren/ ausbauen	Abbauen/ zu Stärken und Chancen umwandeln
- Preisniveau - Preisspreizungen - Image und Kompetenz	- Produktqualität, Produktnutzen - Service - Produktlebenszyklus
Chancen	**Risiken**
Nutzen	Beachten/ umgehen
- Produktqualität überarbeiten - Herausstellung des Produktnutzens - Produktrelaunch - Service optimieren (Budget!) - Wettbewerbsvorteil ausbauen	- Finanzielle Mittel (Budget) - Kostenrisiken - Synergieeffekte nutzen - Wirtschaftliches Umfeld - Wirtschaftliche Situation der Kunden

Abb. 6.13 SWOT-Analyse

einen guten Überblick über die ersten Ergebnisse Ihrer SWOT-Analyse. Vergleichen Sie jetzt die Stärken und Schwächen sowie die Chancen und Risiken mit den marktbestimmenden Erfolgsfaktoren und -mechanismen im Markt- und Wettbewerbsumfeld.

a. Tragen Sie die marktbestimmenden Erfolgsfaktoren in eine Matrix ab. Bewerten Sie die marktbestimmenden Erfolgsfaktoren entsprechend der analysierten Marktsituation.
b. Nachdem Sie nun die marktbestimmenden Erfolgsfaktoren für den Markt herausgestellt haben, vergleichen und bewerten Sie anschließend die marktbestimmenden Erfolgsfaktoren in kritischer Würdigung des Unternehmens und des Produkts zum Wettbewerb und gewichten Sie die marktbestimmenden Faktoren. Anschließend bewerten sie das Unternehmen/Produkt und Ihre potenziellen Wettbewerber, indem Sie für jeden Bereich Punkte von 1–10 vergeben. Zum Schluss addieren Sie die Ergebnisse des Unternehmens/Produkts und die des Wettbewerbs. Das Unternehmen/Produkt, das die höchste Punktzahl erreicht hat, ist im Wettbewerbsvorteil. Vergleichen Sie sich mit dem stärksten Wettbewerber und arbeiten Sie aus dem Ergebnis einen Handlungsrahmen aus.
c. Was ist zu tun, um zukünftig die marktbestimmenden Erfolgsfaktoren, die der Markt fordert, besser zu bedienen, als es z. B. ein Wettbewerber „A" tut, siehe Abb. 6.14?

Kritische Erfolgsfaktoren \ Wettbewerber	G-Faktor	Ihr Unternehmen	Wettbewerber A	Wettbewerber B	Wettbewerber C
Produktqualität, Produktnutzen	60 %	9 (x 6,0) **54**	10 (x 6,0) **60,0**	6 (x 6,0) **36**	7 (x 6,0) **42,0**
Preis und Image	25 %	7 (x 2,5) **17,5**	5 (x 2,5) **12,5**	5 (x 2,5) **12,5**	7 (x 2,5) **17,5**
Service	10 %	4 (x 1,0) **4,0**	5 (x 1,0) **5,0**	2 (x 1,0) **2,0**	5 (x 1,0) **5,0**
PLZ	5 %	5 (x 0,5) **2,5**	7 (x 0,5) **3,5**	7 (x 0,5) **3,5**	5 (x 0,5) **2,5**
	100 %	**78,0**	**81,0**	**54,0**	**67,0**

Zu behandelnde zentrale Punkte vs. Wettbewerber A:

Handlungsrahmen: Produktqualität und Produktnutzen/ Service/ PLZ verbessern

Abb. 6.14 Wettbewerbsumfeld

Erfolgsfaktoren und -mechaniken im Markt und Wettbewerbsumfeld

Produktqualität, Produktnutzen, Produktwirksamkeit	60 %
Preis und Image	25 %
Service	10 %
Produktlebenszyklus	5 %

Stärken	Schwächen
Bzgl. dieser Erfolgsfaktoren- und mechaniken	
Preis und Image (25 %)	Produktqualität, Produktnutzen (60 %)
	Service (10 %)
	Produktlebenszyklus (5 %)

Abb. 6.15 Erfolgsfaktoren- und mechaniken

d. Wenn Sie alle wichtigen Faktoren herausgearbeitet haben und sie stimmig mit den marktbestimmenden Erfolgsfaktoren und -mechanismen (siehe Abb. 6.15) im Markt- und Wettbewerbsumfeld sind, erarbeiten Sie eine Zusammenfassung mit einem verbindlichen Handlungsrahmen. Dieser ist dann das Endergebnis der SWOT-Analyse. Welche Empfehlungen würden Sie der Firma Nibbles mit den vorhandenen Daten geben?

7 Übertragbarkeit des spezifischen Wissens der Case Study

Die Übungsaufgaben beinhalten für die Studierenden Transferanforderungen, bei welchen sie über den alleinigen Fokus auf das konkrete Unternehmen Nibbles und den Müsli- und Cerealienmarkt hinausgehen sollen.

Nichtsdestotrotz empfiehlt sich, eine Bearbeitung der Case Study mit einer Diskussion der Übertragbarkeit des spezifischen Wissens dieser auf andere Unternehmensfälle und Kontexte abzuschließen. Dadurch werden die Bearbeitenden nochmals explizit dazu angeregt, das in der Case Study angeeignete Wissen auf andere Situationen und insbesondere ihren beruflichen Alltag zu transferieren. Die vorliegende Case Study gilt als exemplarische Vorgehensweise für jede Art der Produkteinführung oder Neuproduktentwicklung und soll dazu beitragen, theoretisches Wissen an einem praktischen Beispiel anwendbar zu machen.

Grundsätzlich sind der Prozess und die vorangehenden Marktanalysen einer Produkteinführung ebenso wie die Gestaltung des strategischen und operativen Marketings übertragbar und bieten damit eine fundierte analytische Grundlage für die Herangehensweise in Unternehmen.

Die spezifischen Anforderungen des Müsli- und Cerealienriegelmarktes bilden spezifisches Wissen und zeigen exemplarisch die Besonderheiten verschiedener Märkte, von deren Zielgruppen, den Wünschen der Konsumenten und der Produktvielfalt.

Ausblick – wie gestalten wir die Zukunft? 8

Helmut Müller hat die neuesten Marktforschungsstudien mittlerweile intensiv studiert und das Strategische Marketing sowie den Vorstand zu einem Gesprächstermin gebeten. Auf Basis der Marktforschungsstudien müssen nun Lösungen gefunden werden, um weiterhin erfolgreich am Markt bestehen zu können und existenzsichernde Wettbewerbsvorteile zu erzielen.

Die Marktforschungsstudien entsprachen den Kritiken der Jugendlichen und der Absatzkraft der verschiedenen Produkte: Der Konsument möchte sich gesund ernähren, möchte aber gleichzeitig den Genuss nicht missen. „Genuss ohne Reue", resümiert Helmut Müller. Der Vorstand pflichtet ihm bei, merkt jedoch auch an, dass es im Bereich Laktose- und Gluten-freier Ernährung oder im Bereich Nachhaltigkeit ggf. auch Marktchancen für Nibbles geben könnte.

Es gab viele erfolgsversprechende Ideen. Man durfte jedoch nicht außer Acht lassen, dass ein neues Produkt auch massenmarkttauglich sein musste. In einen Nischenmarkt einzudrängen, wäre zu riskant, und auch in Bezug auf die Produktionskosten nicht haltbar.

Nächste Woche würde das Strategische Management zusammen mit Helmut Müller tagen und Konzepte für neue Produktideen erarbeiten. Die Zeit drängt, der Markt schläft nicht …

Zusätzliche Literatur 9

Die Umsatzzahlen des Unternehmens Nibbles, die Marktanteile der größten Mitbewerber sowie wichtige Tabellen und Ergebnisse finden sich in Abb. 9.1 bis Abb. 9.7.

Geschäftsfeld Müsli- und Cerealienriegel- Strategieplanung

Zielsetzung:

Ausbau des Geschäftsfeldes Riegel über den Bereich der klassischen Müsli- und Cerealienriegel

→ Entwicklung eines Getreidesnacks, der genussvoller als der gewöhnliche Müsliriegel, aber kein Schokoriegel ist

Marketing- und Vertriebsstrategie:

Produkt-/ Angebotsstrategie

a) Ausbau des Handelsmarken- und Industriekundengeschäfts
b) Entwicklung einer Herstellermarke, die sich durch eine attraktive, kunden- und bedarfsrelevante Angebotsvariante sowie genussvolle Rezepturen vom Standardsortiment abhebt;
c) Entwicklung einer Sortimentsmarke, Einzelriegel oder Multipack denkbar

Preisstrategie

a) Abhängig von Kundenstrukturen
b) Mittel- bis Premiumpreispositionierung

Distributionsstrategie

a) Abhängig von Kundenstrukturen
b) Klassischer Lebensmitteleinzelhandel und Drogeriemärkte, Einstieg in Impulskanäle, Erschließung des Tankstellenmarktes denkbar

Kommunikationsstrategie

a) In Kundenverantwortung
b) Aufmerksamkeitsstarke Packungsgestaltung; Schwerpunkt auf below the line: Point Of Sale- Maßnahmen, Sampling

Abb. 9.1 Strategie des Unternehmen Nibbles

Zusätzliche Literatur

Das Unternehmen Nibbles der Energyze-Holding

„Fruchtschnitten sowie Müsli- und Cerealienriegel mit Verantwortung für einen gesunden Genuss"

<u>Allgemeine Informationen</u>

- Entwicklung, Produktion und Vertrieb von
    - ✓ Fruchtschnitten
    - ✓ Müsliriegeln
    - ✓ Cerealienriegeln
    - ✓ Süßstoffen
- Europaweit auf dem Markt
- Eigenes Markengeschäft: Cerealia und Pessulus
- Nibbles Qualitätsgarantie:
    - ✓ Beste, ausgewählte Rohstoffe
    - ✓ Sorgsame Ressourcenschonende Verabeitung
    - ✓ Ständige, strenge Qualitätskontrollen

<u>Leistungen und Angebot</u>

- National sowie international im Handelsmarkenmarkt tätig
- Moderne Produktion
- Kompetente Beratung durch internationales Knowhow
- Komplettes Dienstleistungsangebot aus unserer Hand
    - ✓ Handelsmarken- Produktmanagement
    - ✓ Qualitätssicherung
    - ✓ Forschung und Entwicklung
    - ✓ Marktforschung
    - ✓ Grafik- und Designstudio
    - ✓ Logistik und Transport

Abb. 9.2 Präsentation des Unternehmens Nibbles

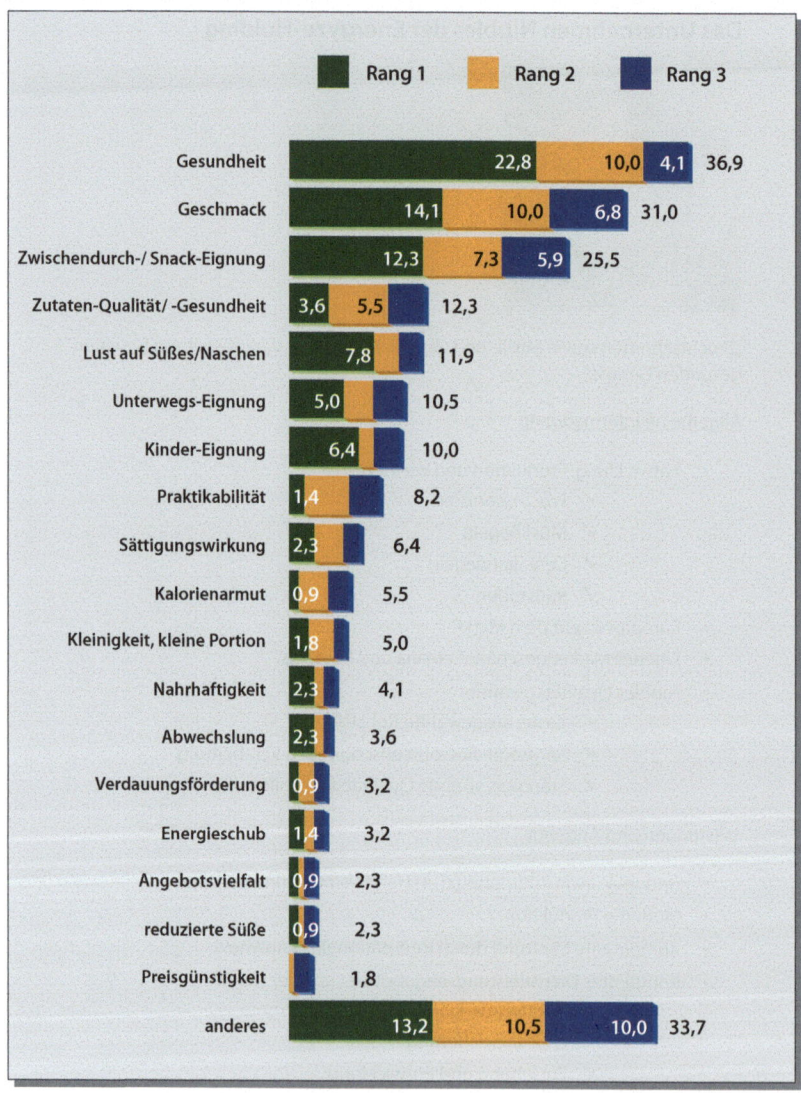

Abb. 9.3 Ergebnisse der Omnibusbefragung: motivationale Treiber des Haushaltskaufs von Müsliriegeln

Zusätzliche Literatur

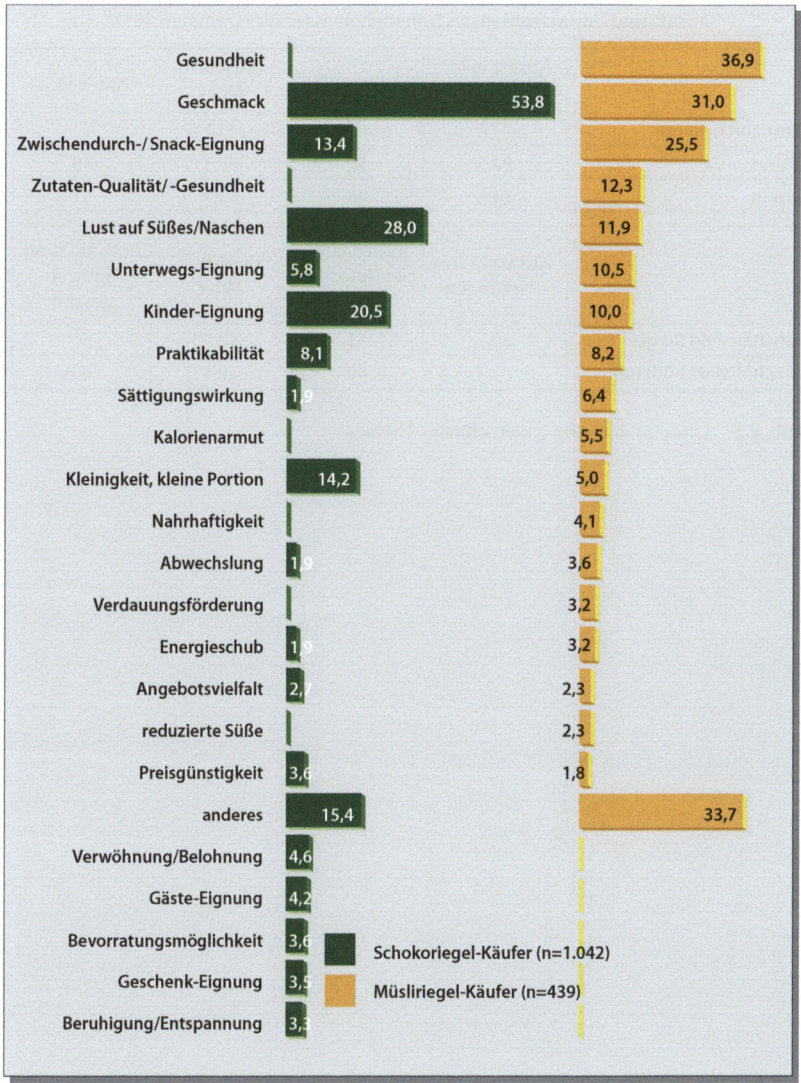

Abb. 9.4 Ergebnisse der Omnibusbefragung: Konsumanlässe des Haushalts im Umfeld von Müsliriegeln

Absatz und Umsatzzahlen des Unternehmens Nibbles (Zeitraum 2011)

	Absatz in Mio Packungen	Anteil in %	**Umsatz** in Mio €	Anteil in %
Nutrisun gesamt	177		123	
Inland	92,5	52	60,3	49
Export	84,5	48	62,7	51

	Absatz in Mio Packungen	Anteil in % an Nutrisun gesamt	**Umsatz** in Mio €	Anteil in % an Nutrisun gesamt
Geschäftsfeld **Riegel**	89,7	51	72,9	60
Geschäftsfeld **Süßstoff**	87,3	49	50,1	40

Abb. 9.5 Umsatzzahlen des Unternehmens Nibbles

MÜSLIRIEGEL

LEH+DM	ABSATZ IN PACKUNGEN			ABSATZ KONVERTIERT			UMSATZ IN TEUR			DISTRI VERK GEW % MONATL		MARKTANTEIL AN MÜSLIRIEGEL TOTAL					
												ABSATZ PACK		ABSATZ KONV.		UMSATZ	
	2010	2011	% VER.	2010	2011	% VER.	2010	2011	% VER.	2010	2011	2010	2011	2010	2011	2010	2011
Müsli Total	66.983.051	67.445.755	0,69	11.020.340	10.985.356	-0,32	79.710.572	80.434.029	0,91			100,0	100,0	100,0	100,0	100,0	100,0
NORMAL MUESLI RIEGEL	66.789.224	67.306.829	0,77	10.998.604	10.966.223	-0,29	79.487.481	80.285.080	1,00	100	100	99,7	99,8	99,8	99,8	99,7	99,8
DIAET MUESLI RIEGEL	193.827	138.926	-28,32	21.737	19.133	-11,98	223.090	148.949	-33,23	18	11	0,3	0,2	0,2	0,2	0,3	0,2

TOP MARKEN

LEH+DM	ABSATZ IN PACKUNGEN			ABSATZ KONVERTIERT			UMSATZ IN TEUR			DISTRI VERK GEW % MONATL		MARKTANTEIL AN MÜSLIRIEGEL NORMAL					
												ABSATZ PACK		ABSATZ KONV.		UMSATZ	
	2010	2011	% VER.	2010	2011	% VER.	2010	2011	% VER.	2010	2011	2010	2011	2010	2011	2010	2011
NORMAL MUESLI RIEGEL	66.789.224	67.306.829	0,77	10.998.604	10.966.223	-0,29	79.487.481	80.285.080	1,00	100	100	100,0	100,0	100,0	100,0	100,0	100,0
NORMAL MUESLI RIEGEL HANDEL EIGE	33.227.631	32.463.989	-2,30	6.568.030	6.413.090	-2,36	34.381.877	33.393.694	-2,87	69	68	49,7	48,2	59,7	58,5	43,3	41,6
NORMAL MUESLI RIEGEL SCHWARTAU	28.878.613	29.949.039	3,71	3.809.841	3.981.922	4,52	40.251.870	41.890.374	4,07	78	78	43,2	44,5	34,6	36,3	50,6	52,2
NORMAL MUESLI RIEGEL BRUEGGEN	1.698.588	1.543.296	-9,14	339.718	308.659	-9,14	1.673.763	1.527.486	-8,74	8	8	2,5	2,3	3,1	2,8	2,1	1,9
NORMAL MUESLI RIEGEL EAT NATURAL	444.754	977.442	119,77	20.995	45.969	118,95	432.365	946.256	118,86	4	8	0,7	1,5	0,2	0,4	0,5	1,2
NORMAL MUESLI RIEGEL ALNATURA	1.031.753	973.286	-5,67	69.446	74.710	7,58	843.391	944.737	12,02	12	12	1,5	1,4	0,6	0,7	1,1	1,2
NORMAL MUESLI RIEGEL SCHNEEKOPF	339.886	539.113	58,62	50.074	45.127	-9,88	547.713	550.688	0,54	19	28	0,5	0,8	0,5	0,4	0,7	0,7

SCHWARTAU CORNY

LEH+DM	ABSATZ IN PACKUNGEN			ABSATZ KONVERTIERT			UMSATZ IN TEUR			DISTRI VERK GEW % MONATL		MARKTANTEIL AN MÜSLIRIEGEL NORMAL					
												ABSATZ PACK		ABSATZ KONV.		UMSATZ	
	2010	2011	% VER.	2010	2011	% VER.	2010	2011	% VER.	2010	2011	2010	2011	2010	2011	2010	2011
NORMAL MUESLI RIEGEL SCHWARTAU	28.878.613	29.949.039	3,71	3.809.841	3.981.922	4,52	40.251.870	41.890.374	4,07	78	78	43,2	44,5	34,6	36,3	50,6	52,2
CORNY STANDARD SCHOKO 6 ST 150 G	4.211.420	4.706.392	11,75	631.713	705.959	11,75	6.158.236	6.862.915	11,44	75	76	6,3	7,0	5,7	6,4	7,7	8,5
CORNY STANDARD FREE SCHOKO 6 ST	3.393.352	3.672.453	8,22	407.202	440.694	8,22	4.958.463	5.342.771	7,75	74	75	5,1	5,5	3,7	4,0	6,2	6,7
CORNY STANDARD SCHOKO BANANE 6	2.356.796	2.571.266	9,10	353.519	385.690	9,10	3.455.422	3.766.880	9,01	63	64	3,5	3,8	3,2	3,5	4,3	4,7
CORNY MILCH SANDWICH MILCHCREME	1.151.628	1.732.081	50,40	138.196	207.850	50,40	1.712.611	2.552.845	49,06	37	43	1,7	2,6	1,3	1,9	2,2	3,2
CORNY STANDARD FREE HASELN 6 ST	1.444.064	1.451.081	0,49	173.288	174.129	0,49	2.134.463	2.136.818	0,11	57	63	2,2	2,2	1,6	1,6	2,7	2,7
CORNY MILCH SANDWICH MILCHCREME	710.314	1.264.300	77,99	106.547	189.645	77,99	875.318	1.515.652	73,16	20	16	1,1	1,9	1,0	1,7	1,1	1,9
CORNY STANDARD FREE WEISS 6 ST 1	1.101.578	1.059.154	-3,85	132.190	127.099	-3,85	1.616.763	1.546.321	-4,36	54	52	1,6	1,6	1,2	1,2	2,0	1,9
CORNY STANDARD DUNKEL 6 ST 138 G	1.107.566	1.009.925	-8,82	162.845	139.370	-8,82	1.608.728	1.458.552	-9,34	44	40	1,7	1,5	1,4	1,3	2,0	1,8
CORNY STANDARD FREE JOGHURT 6 ST	804.431	933.697	16,07	96.531	112.044	16,07	1.187.722	1.362.384	14,71	40	49	1,2	1,4	0,9	1,0	1,5	1,7
CORNY STANDARD DIV 6 ST 150 G	1.147.531	892.629	-22,21	172.130	133.895	-22,21	1.680.878	1.300.522	-22,63	47	45	1,7	1,3	1,6	1,2	2,1	1,6
CORNY STANDARD FREE JOGHURT KIRS	1.085.507	880.324	-18,90	130.261	105.639	-18,90	1.593.822	1.270.391	-20,29	58	49	1,6	1,3	1,2	1,0	2,0	1,6
CORNY STANDARD ERDBEER JOGHURT	739.167	873.137	18,12	110.875	130.971	18,12	1.077.930	1.276.617	18,43	34	44	1,1	1,3	1,0	1,2	1,4	1,6
CORNY STANDARD NUSS 6 ST 150 G	791.622	870.328	9,94	118.743	130.549	9,94	1.161.955	1.278.586	10,04	32	37	1,2	1,3	1,1	1,2	1,5	1,6
CORNY STANDARD SCHOKO 7 ST 175 G	1.018.554	643.041	-36,87	178.247	112.532	-36,87	1.426.915	860.214	-39,72	30	13	1,5	1,0	1,6	1,0	1,8	1,1
CORNY NUSSVOLL ERDNUSS VOLLMILC	0	559.896	0,00	0	53.750	0,00	0	825.931	0,00	0	23	0,0	0,8	0,0	0,5	0,0	1,0
CORNY MILCH SANDWICH SCHOKO CRI	0	534.626	0,00	0	80.194	0,00	0	630.649	0,00	0	14	0,0	0,8	0,0	0,7	0,0	0,8
CORNY NUSSVOLL MANDEL WEISSE SC	0	508.254	0,00	0	48.793	0,00	0	752.962	0,00	0	23	0,0	0,8	0,0	0,4	0,0	0,9
CORNY STANDARD COCOS 6 ST 150 G	496.960	502.434	1,10	74.544	75.365	1,10	731.367	720.367	-1,50	25	30	0,7	0,7	0,7	0,7	0,9	0,9
CORNY STANDARD FREE DIV 6 ST 120 G	654.789	500.331	-23,59	78.575	60.040	-23,59	957.119	719.734	-24,80	40	31	1,0	0,7	0,7	0,5	1,2	0,9
CORNY STANDARD FREE SCHOKO BAN	774.331	484.596	-37,42	92.920	58.152	-37,42	1.134.927	686.492	-39,51	48	32	1,2	0,7	0,8	0,5	1,4	0,9
CORNY STANDARD FREE SCHOKO 7 ST	704.472	471.015	-33,14	98.626	65.942	-33,14	1.181.804	630.616	-46,64	31	14	1,1	0,7	0,9	0,6	1,5	0,8
CORNY EXTRA BIG SCHOKO 1 ST 50 G	484.379	436.830	-9,82	24.219	21.841	-9,82	222.630	230.087	3,35	7	10	0,7	0,6	0,2	0,2	0,3	0,3
CORNY STANDARD SCHOKO BANANE 7	654.688	412.302	-37,02	114.570	72.153	-37,02	922.825	553.754	-39,99	30	13	1,0	0,6	1,0	0,7	1,2	0,7
CORNY FRUCHT CRANBERRY 6 ST 114 G	136.513	285.355	109,03	15.563	32.531	109,03	196.216	411.328	109,63	17	19	0,2	0,4	0,1	0,3	0,2	0,5
CORNY STANDARD FREE WEISS 7 ST 1	415.746	252.186	-39,34	58.204	35.306	-39,34	588.508	334.811	-43,11	29	13	0,6	0,4	0,5	0,3	0,7	0,4
CORNY STANDARD FREE WALDFRUCHT	0	233.175	0,00	0	27.981	0,00	0	342.615	0,00	0	35	0,0	0,3	0,0	0,3	0,0	0,4
CORNY STANDARD L.E. AMERICAN STY	630.456	220.925	-64,96	63.046	22.093	-64,96	783.803	269.352	-65,64	23	7	0,9	0,3	0,6	0,2	1,0	0,3
CORNY MILCH SANDWICH SCHOKO 5 ST	525.859	202.688	-61,46	78.879	30.403	-61,46	620.813	231.848	-62,65	19	3	0,8	0,3	0,7	0,3	0,8	0,3
CORNY FRUCHT MANGO PFIRSICH APRI	83.807	200.734	139,52	9.554	22.884	139,52	121.923	290.014	137,87	14	17	0,1	0,3	0,1	0,2	0,2	0,4
CORNY STANDARD BIRCHER MUESLI 6	0	199.344	0,00	0	27.510	0,00	0	288.965	0,00	0	33	0,0	0,3	0,0	0,3	0,0	0,4
CORNY STANDARD L.E. ZWEIERLEI SCH	0	193.311	0,00	0	28.997	0,00	0	277.251	0,00	0	9	0,0	0,3	0,0	0,3	0,0	0,3
CORNY STANDARD L.E. ESPRESSO VA	0	176.452	0,00	0	26.468	0,00	0	254.612	0,00	0	7	0,0	0,3	0,0	0,2	0,0	0,3
CORNY STANDARD L.E. JOGHURT MUES	0	153.076	0,00	0	22.961	0,00	0	221.283	0,00	0	7	0,0	0,2	0,0	0,2	0,0	0,3
CORNY STANDARD FREE SCHOKO 1 ST	413.624	142.728	-65,49	8.272	2.855	-65,49	170.309	56.733	-66,69	13	6	0,6	0,2	0,1	0,0	0,2	0,1
CORNY EXTRA BIG SCHOKO BANANE 1	192.182	120.287	-37,41	9.609	6.014	-37,41	114.081	61.820	-45,81	4	3	0,3	0,2	0,1	0,1	0,1	0,1
CORNY MILCH SANDWICH MILCHCREME	54.678	85.468	56,31	1.640	2.564	56,29	29.721	44.096	48,37	1	3	0,1	0,1	0,0	0,0	0,0	0,1
CORNY STANDARD L.E. STRACCIATELLA	283.186	84.082	-70,31	42.478	12.613	-70,31	386.230	94.695	-75,48	15	1	0,4	0,1	0,4	0,1	0,5	0,1
CORNY STANDARD NUSS 7 ST 175 G +1	0	76.307	0,00	0	13.354	0,00	0	107.798	0,00	0	12	0,0	0,1	0,0	0,1	0,0	0,1
CORNY STANDARD FREE HASELN 7 ST	0	72.126	0,00	0	10.098	0,00	0	101.846	0,00	0	12	0,0	0,1	0,0	0,1	0,0	0,1
CORNY STANDARD SCHOKO 1 ST 25 G	196.646	66.287	-66,29	4.916	1.657	-66,29	79.844	25.492	-68,07	7	3	0,3	0,1	0,0	0,0	0,1	0,0
CORNY STANDARD L.E. PINA COLADA 6	308.783	63.437	-79,46	46.317	9.515	-79,46	421.873	72.563	-82,80	16	1	0,5	0,1	0,4	0,1	0,5	0,1
CORNY STANDARD L.E. EISKAFFEE 6 S	253.478	56.419	-77,74	38.022	8.463	-77,74	346.192	64.263	-81,44	15	1	0,4	0,1	0,3	0,1	0,4	0,1
CORNY EXTRA BIG SCHOKO ERDNUSS	117.575	40.236	-65,78	5.879	2.012	-65,78	77.348	19.721	-74,50	3	1	0,2	0,1	0,1	0,0	0,1	0,0
CORNY EXTRA BIG DUNKEL 1 ST 50 G	61.024	30.345	-50,27	3.052	1.517	-50,28	32.092	15.847	-50,62	3	1	0,1	0,0	0,0	0,0	0,0	0,0
CORNY FRUCHT CRANBERRY 1 ST 19 G	5.918	7.751	30,98	112	147	30,96	2.647	3.312	25,12	7	2	0,0	0,0	0,0	0,0	0,0	0,0
CORNY EXTRA BIG BROWNIE 1 ST 40 G	628	5.712	810,31	25	229	806,76	334	2.977	791,52	0	0	0,0	0,0	0,0	0,0	0,0	0,0
CORNY MILCH SANDWICH SCHOKO CRI	0	3.023	0,00	0	363	0,00	0	4.514	0,00	0	0	0,0	0,0	0,0	0,0	0,0	0,0
CORNY EXTRA BIG COCOS 1 ST 50 G	0	2.695	0,00	0	135	0,00	0	1.433	0,00	0	0	0,0	0,0	0,0	0,0	0,0	0,0
CORNY MAXI PACK SCHOKO 10 ST 250 G	0	1.000	0,00	0	250	0,00	0	2.150	0,00	0	0	0,0	0,0	0,0	0,0	0,0	0,0
CORNY MAXI PACK SCHOKO 10 ST 200 G	0	886	0,00	0	177	0,00	0	1.905	0,00	0	0	0,0	0,0	0,0	0,0	0,0	0,0
CORNY FRUCHT APFEL JOGHURT 4 ST 1	88.080	793	-99,10	8.808	79	-99,11	126.394	1.199	-99,05	11	0	0,1	0,0	0,1	0,0	0,2	0,0
CORNY MAXI PACK SCHOKO 12 ST 300 G	0	631	0,00	0	189	0,00	0	1.634	0,00	0	0	0,0	0,0	0,0	0,0	0,0	0,0
CORNY MAXI PACK SCHOKO 12 ST 240 G	0	598	0,00	0	143	0,00	0	1.540	0,00	0	0	0,0	0,0	0,0	0,0	0,0	0,0
CORNY STANDARD FREE SCHOKO 10 S	6.392	334	-94,78	1.598	84	-94,78	14.296	166	-98,84	1	0	0,0	0,0	0,0	0,0	0,0	0,0
CORNY FRUCHT ROTE FRUCHT SCHOKO	118.331	314	-99,73	11.833	31	-99,73	172.989	442	-99,74	12	0	0,2	0,0	0,1	0,0	0,2	0,0
CORNY STANDARD SCHOKO BANANE 1	204	122	-40,21	5	3	-40,38	79	45	-43,45	0	0	0,0	0,0	0,0	0,0	0,0	0,0
CORNY STANDARD HEIDELBEER JOGHU	35	85	143,97	1	2	122,22	11	32	200,00	0	0	0,0	0,0	0,0	0,0	0,0	0,0
CORNY FRUCHT ROTE FRUCHT SCHOKO	80.552	23	-99,97	2.014	1	-99,97	35.895	10	-99,97	5	0	0,1	0,0	0,0	0,0	0,0	0,0
CORNY EXTRA BIG CRANBERRY 1 ST 50	823	6	-99,30	41	0	-99,28	456	4	-99,14	0	0	0,0	0,0	0,0	0,0	0,0	0,0
CORNY STANDARD FREE JOGHURT 10 S	12.124	2	-99,98	3.031	1	-99,98	27.482	5	-99,98	1	0	0,0	0,0	0,0	0,0	0,0	0,0
CORNY STANDARD SCHOKO 10 ST 250 G	11.661	2	-99,98	2.915	0	-99,99	26.244	4	-99,98	1	0	0,0	0,0	0,0	0,0	0,0	0,0
CORNY MILCH SANDWICH SCHOKO NUS	45	1	-97,08	8	0	-97,56	71	1	-98,32	0	0	0,0	0,0	0,0	0,0	0,0	0,0
CORNY STANDARD FREE WEISS 10 ST	9.164	1	-99,99	2.291	0	-99,99	20.309	2	-99,99	1	0	0,0	0,0	0,0	0,0	0,0	0,0
CORNY STANDARD DUNKEL 10 ST 230 G	1.875	1	-99,95	431	0	-99,95	4.199	2	-99,96	1	0	0,0	0,0	0,0	0,0	0,0	0,0

Abb. 9.6 Marktanteile (1)

BRUEGGEN BRUEGGEN

LEH+DM	ABSATZ IN PACKUNGEN			ABSATZ KONVERTIERT			UMSATZ IN TEUR			DISTRI VERK GEW % MONATL		MARKTANTEIL AN MÜSLIRIEGEL NORMAL					
												ABSATZ PACK		ABSATZ KONV.		UMSATZ	
	2010	2011	% VER.	2010	2011	% VER.	2010	2011	% VER.	2010	2011	2010	2011	2010	2011	2010	2011
NORMAL MUESLI RIEGEL BRUEGGEN	1 698 588	1 543 296	-9,14	339 718	308 659	-9,14	1 673 763	1 527 486	-8,74	8	8	2,5	2,3	3,1	2,8	2,1	1,9
BRUEGGEN SUNNY SCHOKO 8 ST 200 G	331 029	249 094	-24,75	66 206	49 819	-24,75	329 069	248 615	-24,45	7	7	0,5	0,4	0,6	0,5	0,4	0,3
BRUEGGEN SUNNY BANANE 8 ST 200 G	220 467	200 408	-9,10	44 093	40 081	-9,10	217 019	198 297	-8,63	7	7	0,3	0,3	0,4	0,4	0,3	0,2
BRUEGGEN SUNNY FREE SCHOKO 8 ST	95 296	137 369	44,15	19 059	27 474	44,15	93 626	135 912	45,16	6	6	0,1	0,2	0,2	0,3	0,1	0,2
BRUEGGEN SUNNY KOKOS 8 ST 200 G	155 368	135 766	-12,62	31 074	27 153	-12,62	152 885	134 270	-12,18	7	7	0,2	0,2	0,3	0,2	0,2	0,2
BRUEGGEN ERDBEER JOGHURT 8 ST 2(	141 563	128 257	-9,40	28 313	25 651	-9,40	139 220	126 831	-8,90	7	7	0,2	0,2	0,3	0,2	0,2	0,2
BRUEGGEN SUNNY HIMBEER JOGHURT	134 366	117 789	-12,34	26 873	23 557	-12,34	132 118	116 521	-11,81	7	7	0,2	0,2	0,2	0,2	0,2	0,1
BRUEGGEN SUNNY CRANBERRY 8 ST 2	121 423	96 266	-20,72	24 284	19 253	-20,72	119 385	95 220	-20,24	7	7	0,2	0,1	0,2	0,2	0,2	0,1
BRUEGGEN SUNNY FREE WEISSE 8 ST	71 497	88 986	24,46	14 299	17 797	24,46	70 228	88 035	25,36	6	6	0,1	0,1	0,1	0,2	0,1	0,1
BRUEGGEN SUNNY FRUCHT 8 ST 200 G	96 092	88 182	-7,27	19 019	17 636	-7,27	93 497	87 228	-6,70	6	6	0,1	0,1	0,2	0,2	0,1	0,1
BRUEGGEN SUNNY FREE NUSS 8 ST 20	58 164	86 189	48,18	11 633	17 238	48,18	57 160	85 274	49,18	6	6	0,1	0,1	0,1	0,2	0,1	0,1
BRUEGGEN SUNNY NUSS 8 ST 200 G	103 376	83 430	-19,29	20 675	16 686	-19,30	101 740	82 515	-18,90	7	7	0,2	0,1	0,2	0,2	0,1	0,1
BRUEGGEN SUNNY FRUCHT 8 ST 200 G	93 040	38 912	-58,18	18 608	7 783	-58,18	91 659	37 616	-58,96	7	4	0,1	0,1	0,2	0,1	0,1	0,0
BRUEGGEN SUNNY KIRSCH JOGHURT 8	0	36 132	0,00	0	7 226	0,00	0	35 732	0,00	0	6	0,0	0,1	0,0	0,1	0,0	0,0
BRUEGGEN SUNNY SONNENBLUMENKE	72 951	30 979	-57,53	14 591	6 196	-57,54	71 410	30 161	-57,76	5	4	0,1	0,0	0,1	0,1	0,1	0,0
BRUEGGEN SUNNY WALDBEERE RHAB	0	25 540	0,00	0	5 108	0,00	0	25 262	0,00	0	6	0,0	0,0	0,0	0,0	0,0	0,0

EAT NATURAL

LEH+DM	ABSATZ IN PACKUNGEN			ABSATZ KONVERTIERT			UMSATZ IN TEUR			DISTRI VERK GEW % MONATL		MARKTANTEIL AN MÜSLIRIEGEL KONV.					
												ABSATZ PACK		ABSATZ KONV.		UMSATZ	
	2010	2011	% VER.	2010	2011	% VER.	2010	2011	% VER.	2010	2011	2010	2011	2010	2011	2010	2011
NORMAL MUESLI RIEGEL EAT NATURAI	444 754	977 442	119,77	20 995	45 969	118,95	432 365	946 256	118,86	4	8	0,7	1,5	0,4	0,4	0,5	1,2
EAT NATURAL JOGHURT MAND APRIK 1	178 506	389 248	118,06	8 926	19 463	118,06	174 654	376 812	115,75	3	7	0,3	0,6	0,2	0,2	0,2	0,5
EAT NATURAL MACADAMIA PREISELB 1	154 852	323 136	108,67	6 968	14 541	108,69	150 519	313 667	108,39	3	7	0,2	0,5	0,1	0,1	0,2	0,4
EAT NATURAL ERDNUSS PISTAZIE 1 ST	93 718	257 604	174,87	4 217	11 592	174,87	89 892	248 434	176,37	2	6	0,1	0,4	0,0	0,1	0,1	0,3
EAT NATURAL MACADAMIA APRIKOSE 1	17 679	7 454	-57,84	884	373	-57,82	17 301	7 343	-57,56	0	0	0,0	0,0	0,0	0,0	0,0	0,0

Abb. 9.7 Marktanteile (2)

Literaturverzeichnis

Bruhn M (2010) Marketing. Grundlagen für Studium und Praxis. Springer, Wiesbaden
Bundesvereinigung der Deutschen Ernährungsindustrie (2013) Jahresbericht 2011/2012. Eigenverlag, Berlin
Cooper R G (2010) Top oder Flop in der Produktentwicklung: Erfolgsstrategien von der Idee zum Launch. Wiley, Weinheim
Ellet W (2008) Das Fallstudienhandbuch. Business Cases entwickeln und erfolgreich auswerten. Harvard Business School Press, Bern/Stuttgart/Wien
Großklaus R H G (2013) Von der Produktidee zum Markterfolg. Springer, Wiesbaden
Helm R (2011) International Orientation, Marketing Mix, and the performance of International German „Mittelstand" Companies. International Journal of Business and Globalization 8 (3): 293–315.
Kaschny M, Nolden M, Schreuder S (2015) Innovationsmanagement im Mittelstand. Strategien, Implementierung, Praxisbeispiele. Springer, Wiesbaden
Kuhn J (2007) Markteinführung neuer Produkte. Gabler Edition Wissenschaft. Frankfurt
Matys E (2013) Praxishandbuch Produktmanagement. Grundlagen und Instrumente. Campus, Frankfurt/ New York
Pepels W (2009) Erfolgreiche Produkteinführung. Redline Verlag, München
The Nielsen Company (Germany) GmbH (2013) Handel Verbraucher Werbung. Deutschland 2012. Eigenverlag, Frankfurt am Main

The manufacturer's authorised representative in the EU is Springer Nature Customer Service Centre GmbH, Europaplatz 3, 69115 Heidelberg, Germany. If you have any concerns regarding our products, please contact ProductSafety@springernature.com

Printed and bound by CPI Group (UK) Ltd, Croydon, CR0 4YY

23/03/2026

02076393-0001